再検証　夏の甲子園　激闘の記憶

1996年　松山商業と熊本工業

奇跡のバックホーム

中甲浩章

はじめに

「行ったァァァァッ!! これは文句なしッ!!」

テレビで試合の実況中継をしていたアナウンサーが思わずそう叫ぶほど、大きなフライだった。

1996年夏の甲子園決勝。3対3の延長10回裏、一死満塁で熊本工業の三番・本多大介がライトに角度よく放った打球は一瞬、劇的な「優勝決定サヨナラ満塁ホームラン」かと思われた。ただ甲子園には特有の〝浜風〟がある。レフトフライは風に乗ってグングン伸びる一方、ライトフライは逆風によってかなり強く押し戻される。案の定、打球はやや失速。だがそれでもなお、犠牲フライには十分と言える距離があった。

三塁走者の星子崇がベースにつき、タッチアップのタイミングをうかがう。そしてライトの捕球と同時にスタート。俊足を飛ばし最短距離で本塁へ向かってサッと滑り込み、サヨナラ犠飛で熊本工の初優勝が決定した——はずだった。

フライが上がる直前、ほんの数十秒前に守備交代で急きょライトに入った松山商業の矢野勝嗣は、体の準備がまったくできていない状態だった。ポジションに就いて迎えた初球をいきなり打たれたものだから、とにかく無我夢中で背走。打球が風で戻されていくのが分かると、体を切り返して少し前に出ながら捕球する。その勢いのまま「一か八か」で大遠投をしたが、ボールは通常のバックホームよりも遥か上へ。当然、バックネットに突き刺さる大悪送球を予感させた。

ところが、だ。送球は絶妙な具合で風に乗り、少しずつ高度を下げながら吸い寄せられるように本塁へと向かっていった。そして捕手・石丸裕次郎が構えたミットへダイレクトで収まると、その位置がなんと滑り込んできた星子の顔の前にドンピシャ。走者の足が本塁へ届く前にちょうど頭にタッチする形となり、十センチでもずれていたらセーフになるようなギリギリのタイミングで、球審の「アウト！」のコール。そのジェスチャーを見た4万8千人の歓声と悲鳴が交錯し、甲子園球場は地鳴りのような音とともに揺れた――。

試合はまさかの継続で、決着は次のイニングへ。11回表の攻撃で見事に3点を追加した松山商業が6対3で日本一に輝き、深紅の大優勝旗を手にした。そして絶体絶命のピンチを救った10回裏のあのプレー、誰もが信じられないと目を疑った矢野の送球は、のちに「奇跡のバックホーム」と呼ばれるようになった。

ちょうど四半世紀の節目に当たる2021年現在もなお、当時の決勝「松山商業対熊本工業」は球史に残る伝説の試合として語り継がれている。毎年夏になると各メディアが取り上げたりするし、今は動画なども簡単に見られる時代だから、高校野球ファンならば誰もが一度くらいは映像を見たこともあるのではないだろうか。

10回裏の「奇跡」のシーンばかりがクローズアップされがちだが、あの試合にはいくつもの見どころがあった。9回裏二死からの同点ホームラン、10回裏一死三塁からの2連続敬遠による満塁策、11回表一死一・三塁からのセーフティースクイズ…。そして勝った松山商業も、敗れた熊本工業も、昨今では見落とされがちな野球の〝質の高さ〟が際立っていた。力や技の勝負だけではない、野球の醍醐味が凝縮された試合。両校の軌跡を追い、裏に隠されたストーリーを知るうちに、あの名勝負が生まれたのは必然だったのではないかと思えてくる。

目次

カバーデザイン　江口修平
本文デザイン　イエロースパー
写真　ＢＢＭ

第一章

松山商、全国制覇の礎

タレント集結

「本当はね、マッショーには行かない予定だったんですよ」

松山商の主将だった今井康剛はそう言って苦笑する。

愛媛県立松山商業高等学校。1901年創立の伝統校で、野球部は現在まで甲子園歴代5位の通算80勝（松山東高校に統合された時代も含む）、7度の全国優勝を誇る名門だ。特に夏は60勝21敗1分（優勝5回、準優勝3回、4強4回、8強5回）と無類の強さを発揮し、「夏将軍」の異名を取る。OBは野球殿堂入りした藤本定義（巨人や阪神などで監督）、森茂雄（阪神や大洋、早稲田大学などで監督）、景浦將（草創期の阪神のエース兼主砲）、千葉茂（巨人の名二塁手、近鉄で監督）など錚々たるメンバー。大正・昭和・平成の3元号で日本一に輝いた唯一の学校でもある。

あの夏、松山商には歴代で見ても能力の高いメンバーが揃っていた。その中でも高校通算73本塁打（県大会と甲子園でさらに1本ずつ追加）を誇るスラッガーだった今井は、ずんぐりした風貌も相俟って「四国のドカベン」「伊予のドカベン」と評され大きく注目されていた。当時の雑誌には「170センチ88キロ」とあるが、もともと100キロほどあった体重を高校3年間で絞っており、持ち前のパワーにキレが加わった状態。実際にも甲子園6試合で27打数10安打6打点と三番打者の役割を十分に果たし、大会後はアメリカで行われた世界4地域親善大会の全日本メンバーにも選ばれている。

もともと小学生のときからリトルリーグ界では全国区で、中学時代は松山クラブ（ボーイズリーグ）の主砲として3年夏に全国制覇。当然、県外などの強豪校からも引っ張りだこだったが、自身は地元・松山市の別の学校への進学を考えていた。

その決断に大きな影響を与えたのは、父親の存在だ。

今井は姉2人の3人きょうだいの末っ子。父親は松山商のラグビー部出身だが、もともとは1年間だけ野球部にいたこともあって「男の子には野球をさせたい」との想いが強かった。2～3歳の頃からバットでボールを打って遊ぶのが日課で、野球チームに入ってからも父親と二人三脚での練習は続く。打撃技術はすでにそこで培われており、「ずっと父を信じて練習をしてきましたね。いまだに、バッティングは中学3年のときが一番良かったんじゃないかって言われます（笑）」。そんな父親が、実は松山商の元監督である窪田欣也と同級生だったという。

「当時の松山商の監督だった澤田勝彦さんから熱心に誘っていただき、窪田さんからも『今井が来てくれたら甲子園に行ける確率は高くなるのでぜひ』と。後々聞いた話では、父は僕に甲子園での全国制覇をさせるつもりでずっと育ててきていたそうです。で、当時の松山商は数年に1回のペースで甲子園に出ていた。じゃあマツショーに入ろうか、ということになったんですよね」

幸い、松山クラブは指導スタッフに松山商OBがズラリと並ぶチームだった。上も下も松山商へ巣立っていった選手は多く、年々の状況なども伝え聞いている。チームで松山商の応援に行ったこともあるし、そもそも松山クラブの練習の進め方自体が松山商をベースにしたもの。今井の世代も96年夏のレギュラーではサードの星加逸人、レフトの向井良介、センターの久米孝幸らがまとめて進学しているが、その誰もが「マツショーは身近な存在で、高校に入っても違和感はなかった」と口を揃えている。余談だが星加・向井・久米の3人の地元は伊予郡松前町で「松前小（松前リトル）→松前中（松山クラブ）→松山商高」と経歴もまったく一緒。小さい頃から親同士の付き合いもあり、グラウンド内外で互いにモノを言いやすい環境だったという。

さて、キーマンだった今井が進路を決めたことで、松山商は将来を担う軸を得ることになった。そして「ボーイズ日本一の主力メンバーがごっそり松山商へ行くらしい」なんて噂が出回れば、他の中学チームからも有望な選手が集まるのは必然に思える。ただ、一方で松山商には古くから「練習が日本一厳しいチーム」というイメージがある。それが理由で入部を敬遠する選手も少なからず出てくる。

では、いったい何がそんなに厳しいのか。もちろん当時の野球部だから、守らなければならない決まり事や上下関係などは徹底される。ルールを破ったり和を乱したりすればそれなりのペナルティもあるし、理不尽に叱られて〝指導〟を受けることも大いにあるだろう。だが松山商にはそれ以上に、他の強豪校と比べて突出していたものがあった。野球における緻密さだ。

簡潔に説明するために、星加の言葉を借りよう。

「まずけん制とかバント処理とか、連係プレーのサインがものすごく細かいですね。そして実際のプレーでも、相手がこうしてきたらこうするという動き方、カットプレーの中継の位置、カバーリングやバックアップの入り方なども一つひとつ決まっていた。もともとは窪田さんが〝虎の巻〟みたいな野球ノートを作っていて、野球の考え方がそこに全部書いてあるんです。それをもとにしたテストなどもあって、間違いが1問あるごとにその1週間はグラウンドを毎日10周走れとか、10問だから毎日100周だとか、そうやって叩き込まれていましたね。松山クラブから来た僕らは中学時代からやっているので難なく理解できていたんですが、最初はみんな本当に苦労したと思います」

こうした〝野球の考え方〟をもとにして日々の練習が始まり、澤田がその都度プレーを止めては「今のケースでは……」と細かい説明を入れていく。特に守備の連係についてはこだわりが強く、指揮官が高台に上がって全景を見ながら、拡声スピーカーで「今のはこうなっとるぞ」「こういうふうに動け」と指示を出していた。もちろん、途中で誰か1人にでもミスが出たら連帯責任だからたまったものではない。

さらにサインの細かさで言えば、監督と選手がやり取りするための手話みたいなものもあった。たとえば監督のある仕草が「盗塁行けるか？」だったら、走者が決められた場所を触ることで意思を伝え、それを受けた監督からまた「じゃあ100%の自信があったら行ってもいいぞ」などと指示が出る。意思の伝達と確認まですべてサインで行っているため、相当な知識量を頭に入れた上でそれが当たり前にできるように習慣づけておかなければならない。だから当然、ただただ身体能力が高いだけの選手ではついていけない。

そういう意味では、もともと松山商のスタイルが染み込んでいてさらに能力も実績もある今井らが入学してくることは、かなり大きなことだったと言える。そして、情熱を持って声を掛け続ける澤田の姿に心を動かされた選手も続々と進学を決めた。ボーイズでは松山クラブの好敵手だった松山プリンスの投打の柱・渡部真一郎、俊足好打の内野手として有名だった大洲クラブの吉見宏明。また中学校の軟式野球部からも、体格に恵まれた石丸裕次郎や矢野勝嗣などの好素材が集まった。

澤田は当時を振り返ってこう話す。

「戦力的に見て1学年上の世代が手薄だったこともあるんですが、彼らが入ってきたとき、この世代はいつになく充実しているなと思ったんです。新チーム以降は彼らが主体になってくるなと。そして2年夏には甲子園に出て経験を積み、3年春のセンバツで上位へ勝ち上がり、3年夏の甲子園で日本一を狙っていく。実際に成し遂げたから言えることではありますが、最初からそんな青写真を描くことができたんですよね」

〝松商野球〟の伝統

ここで少し歴史を振り返ろう。

「松山商と言えば？」

高校野球のオールドファンにそんな質問をしたら、おそらく「負けない野球」「守りの野球」と返ってくるのではないだろうか。

それを象徴しているのが1969年夏の甲子園決勝、三沢高校（青森）との死闘だ。松山商は三沢の本格派右腕・太田幸司（元近鉄ほか）を攻略できずに無得点。だが井上明－大森光生のバッテリーを中心とした鉄壁の守備で0対0のまま耐え、再三訪れたサヨナラ負けのピンチも凌いで延長18回引き分け再試合に持ち込んだ。特に15回裏と16回裏、いずれも敬遠による満塁策で迎えた一死満塁を2度防いだシーンは、今も語り草となっている。そして翌日の再試合では4対2で勝利して優勝。長らく受け継がれてきた野球の真骨頂を見せ、「松山商＝守備」というイメージは世間に定着した。

ただ――皮肉にも松山商はここから低迷した。常勝を宿命づけられた立場でありながら、83年までの14年間における甲子園出場は78年夏のたった一度で、それも初戦敗退。澤田が3年生だった74年夏に名将・一色俊作が退くと、指導者を短いスパンで入れ替えて何度もテコ入れを図ったが、それでもなかなか軌道には乗らなかった。

澤田が述懐する。

「相手に点を与えない鉄壁の守備こそが〝松商野球〟。これは私が現役のときも松山商業の伝統として学びましたし、それを継承するんだという想いはどの指導者もみな持っておられたと思います。ただ、同じタイミングで（74年から）金属バットが導入されていた。それ以降は高校野球の打撃力がどんどん上がり、あまりにも守備に固執しすぎると勝てないという時代になっていったような気がします」

80年代に入るとその流れはどんどん加速し、82年夏と83年春には池田（徳島）が「やまびこ打線」と恐れられた圧倒的な攻撃陣で夏春連覇を達成。続く83年夏以降はＫＫコンビら豊富なタレントを擁するＰＬ学園（大阪）の時代となり、松山商はいつしか球界のトップから取り残されそうになっていた。

そんな状況を一変させた人物こそ、先述の窪田である。松山商、亜細亜大学では外野手としてプレー。また社会人野球の丸善石油では近鉄バファローズからのドラフト4位指名を拒否してチームに残り、のちに監督も務めた。

82年1月に松山商の監督に就任した窪田は、とことん守備練習を重視する野球ではなく、攻撃力アップにも重きを置いた。ただ、決して守備を疎かにするわけではない。大きく打ち出したのは、「投（投球）・攻（攻撃）・走（走塁）・守（守備）」の4部門でバランスの取れたチームを作ること。「投手力を含めた守備から攻撃のリズムが生まれる」という根本的な考えは変えず、ただし「3点取られても4点取って勝てるようにしよう」というスタイルだ。そして波に乗ったときに爆発するためにも、普段から打撃では確実にミートする技術を求め、バントなどの小技や走塁などもていねいに磨いた。

ここにはもちろん先述の〝緻密さ〟が土台にあり、松山商は見事に復活を果たす。84

年には2年生エース・酒井光次郎（元日本ハムほか）らで甲子園に春夏連続出場を果たし、夏はベスト8。そして2年後の86年夏は準決勝で11連続安打の大会記録を樹立するなど、切れ目のない打線で甲子園準優勝。個人でも水口栄二（元近鉄ほか）は大会最多の通算19安打や8打席連続安打をマークし、エース右腕の藤岡雅樹も好投を重ねる。まさに攻守のバランスが取れたチームが作り上げられていた。

変革をもたらした窪田の存在は、澤田の指導者人生における道標でもあったという。

高校時代に西本聖（元巨人ほか）とバッテリーを組みながらも甲子園出場を叶えられなかった澤田は、卒業後に駒澤大学へ進学して捕手兼バッテリーコーチとして活躍。その後は就職するつもりだったが、母校の野球部長から「帰ってきてほしい」と頼まれ、教員免許取得のために聴講生として大学へもう1年通ってから80年4月、松山商のコーチへ就任した。当時は澤田4兄弟の長兄・悟（澤田自身は末っ子）が監督を務めており、わずかながら兄弟コンビで指導。悟の退任後は代行監督も経験し、そして窪田が来てからはコーチとして仕えながら母校の復活劇を一番近くで味わった。

「窪田監督と過ごした7年間は本当に貴重な時間で、それによって指導者としての礎が築かれたと思っています。辞任は88年夏。甲子園に出場したけれども初戦（2回戦）で拓大紅陵（千葉）に1対10と大敗して、その日のうちに宿舎の部屋でポツンと『澤田。もうお前が（監督を）やれよ』と。私からすれば驚きも驚きで、簡単に引き受けられるものでもないですし、まだまだ吸収したいものもたくさんあったので『いやいや、勘弁してください。まだ続けてください』とお願いしましたね。また輝かしい成績を残されていますから、周りのOBの方々も当然ながら説得をしたんですが、それでも窪田監督の意志は固くて。どうも『ゆくゆくは澤田を監督に』ということで引き継ぎのタイミングにも配慮されていたようなんですね。そんな想いも感じて私もじっくり考え、最終的には覚悟を決めて『お受けさせていただきます』と。ですから私自身は、窪田監督と一緒にやってきた中で身につけたものを続けていくんだという一心で……。その後、甲子園出場のたびに『澤田野球とは？』なんてよく聞かれましたが、そんな大それたものは何もなくて、私は常に『窪田野球を継承してそれがつながっているだけです』とお答えしてきました」

窪田は野球の考え方の部分では大きな改革を遂げたが、その一方で〝松山商の精神〟

も大切にしていた。選手たちに常々言っていたのは「人として成長していくことが大事なんだ」。練習終わりのミーティングでは野球の技術の話などはいっさいせず、内容は決まって「一人の人間として、またいち学生として、いち社会人として、いち野球人として、どうあるべきか」という部分だった。

そもそも野球というのは組織スポーツであり、それぞれが組織人としての振る舞いを基盤にしておかなければチームはうまく回らない。だからこそ、まずは一人ひとりが人間力を高めること。それがチーム力を高めることにもつながり、ひいては卒業して社会へ出たときにも生きてくる。その考えは、松山商の伝統として今も脈々と受け継がれている。

澤田はこう付け加える。

「私や窪田監督だけでなく、兄も一色監督もみなその部分は同じだったと思います。さらに古くから言えば初代監督の近藤兵太郎さん（1918年就任。19年に甲子園初出場へ導き、のちに台湾・嘉義農林を率いて甲子園に5度出場。31年夏には準優勝）が〝球は霊（たま）なり〟という名言を残されているように、野球のボールには魂がこもっている。そして部訓は『日本一のボール拾いになれ』。その1球であり、一つひとつのプレーを大事にすることが〝松商野球〟じゃないかなと思っていますね」

心を揃える

澤田がもう1つ、窪田から引き継いだものがある。

窪田は「これからの時代は練習環境も整えないと太刀打ちできない」と唱え、それまで本格的な施設を持っていなかった松山商に寮を設置した。と言っても、学校にお願いしてもすぐに実現できるはずはなく、窪田が自分で古い2階建てアパートの空き物件を見つけてきて家族で住むところからのスタート。もともと市外や県外から来た選手は学校の近くにバラバラで下宿をしていたが、2人1部屋の寮に入ることで共同生活が始まった。自宅から通える選手もいるので全寮制にはしなかったが、寮というのは生活のリズムを整え、練習の効率を上げ、なおかつチーム内の連帯感を高められる。また指導者からすれば寝食をともにすることで選手の性格も把握できるし、体調も管理できるし、コミュニケーションを取って信頼関係も構築できるというメリットがある。

監督交代となった88年9月以降、澤田は窪田の後を追うように家族で寮に住み込んだ。窪田からは「自分と同じ形を取らなくたっていいんだぞ」とも言われたが、「心技体の三位一体を目指す上では絶対に必要だと思ったんですよね」。当時は長男が4歳、長女が2歳と小さかったため、妻からは「大人の都合で子どもを犠牲にしたくない」と反対を受けたものの、「集団生活の経験は子どものプラスにもなるだろう」と説得。こうして澤田一家は選手たちの「第二の家族」としての生活をスタートさせたのだ。

当時の寮生のスケジュールを大まかに言うと、朝6時前後に起床して体操を行い、朝食を摂ったら支度をして徒歩5分で学校のグラウンドへ。そして朝練をこなし、8時半から15時半までは学校生活。16時前から練習が始まり、20時過ぎあたりまでが全体練習で、その後の自主練習は21時半まで。そこから寮に帰って食事や風呂などを済ませ、23時か23時半にブレーカーを落として完全消灯。ただ、まだ外へ出て自主的に素振りやトレーニングをする者もいれば、1年生などは上級生の世話役としての仕事、また集合して説教を受けることもあり、現実的には日をまたいで就寝する。

と、寮生が怒涛のように毎日を過ごす一方、自宅からの通い組も苦労は人それぞれで、たとえば石丸などは自転車で片道1時間ほどの道のりを毎日往復していた。さらに松山商では夏の県大会の前に「夏合宿」を行うのだが、ベンチ入りメンバーの候補に入った場合は寮生と合流して共同生活を送る。練習自体は2時間程度と軽めになるが、「みんなで同じものを食べて、同じ時間帯で生活することによってチーム内の意思統一が図れる」と澤田は言う。そうやって生まれるのが松山商の一糸乱れぬ行進や集団走であり、呼吸が合った守備での連係プレーでもある。

この「心を揃える」という部分にこそ、澤田はこだわりを持ち続けた。

「まさに〝球は霊なり〟で、野球では心を磨いていかないとダメ。そして、その想いが一つになっているチームが良いチームだと思うんです。たとえば各都道府県のベスト4以上のチームって、どこが勝って代表になってもおかしくないでしょう。じゃあそこから先は何で差が出るのかと言ったら、やはり人間力や精神力の部分。もっと言えば、選手たちが日々の生活をどう送ってきたか。チームとしてどういう指針で進んできたのか。これが統一できた、掌握できた、しっかり作れたというチームが土壇場で勝負強さを発揮するんだと思います。これって今の時代になっても大事なことで、甲子園を見ても結局は個々の能力が高いだけじゃなくて、心を土台にしたチームが優勝していますよね」

澤田は妥協を許さなかった。今井によれば「イメージは、澤田監督イコール怖い人（笑）。学ばせてもらったのは野球がどうこうというよりも、人間性の部分ですね。挨拶や言葉遣いなどの礼儀だったり、細かいことを徹底することの大切さだったり。そこはかなり厳しく言われました」。また、他のメンバーもこう評する。

「よく怒られましたねぇ……。たとえば全力疾走とかカバーリングとか、当たり前のことを当たり前にできるようになりなさい、と。裏表のない人で、怠慢プレーには特に厳しかったですね」（星加）

「真っすぐな方で、ごまかしが利かないんですよ。これくらいはいいかなってちょっとでも手を抜いていると、監督にはすぐバレる（苦笑）。だからいつも必死でした」（向井）

「本人いわく『仏の澤田じゃ』と言っていましたが、厳しかったですよ（笑）。たしかに昔と比べたら仏なのかもしれないけど、やっぱり緊張感はありましたね」（久米）

レギュラーだろうと、控えだろうと、ベンチ外だろうと、全員を一律に見る。やろうと思えば誰もが共通してできる部分に関しては、「良い」「悪い」をハッキリと伝えた。澤田は「人間って普段から分かっていることでも、慣れっこになるとだんだん見落としていきがち。ですから、いい加減になってきたなと思ったらすぐ戒める。そこは徹底していきました」と語る。

そうした指導のもとで松山商は90年夏、92年春と甲子園出場を果たした。今井らが2年生だった95年夏からは3季連続の甲子園出場。そして96年夏には頂点を獲ることになる。

澤田が率いていたこの時期、愛媛県勢は全国で存在感を見せていた。上甲正典（のちに済美でセンバツ優勝）が率いた宇和島東が88年春にセンバツ初出場初優勝の快挙。恩師の一色が指揮を執った新田の90年春のセンバツ準優勝は、2試合でサヨナラホームランが飛び出して「ミラクル新田」と騒がれた。95年春は今治西がセンバツ4強。監督の宇佐美秀文は前任の川之江、そして現在の小松と3校を甲子園に導いている。

澤田はそんな名将たちと鎬を削りながら、「甲子園から5年遠ざかったら辞表を出す」という覚悟でチーム作りに励んだ。

「ライバルが次から次へと現れる中で、負けてなるものかという意識は常にありましたね。そして松山商が君臨するからこそ、他の学校が追い付け追い越せでレベルを上げ、愛媛県勢が全国で上位に行けるようになるんだと。その想いは今でも強く持っていますし、やっぱり松山商は勝って当たり前のチーム。だからプレッシャーとの闘いでもありました」

日本一厳しいチーム

96年夏の優勝世代は澤田が期待した通り、下級生時から主力となっていった。1年夏には今井がファースト、吉見がセカンドで早くもレギュラーに定着しており、久米もベンチ入りの当落線上まで善戦。秋の新チームになると渡部や石丸、矢野、星加らもメンバーの練習に入るようになった。

そんな彼らに大きな刺激を与えた人物がいる。

太田弘昭。松山商のＯＢで、甲子園に出た90年春の主将兼捕手だ。

太田は亜細亜大学へ進学し、4年時に教育実習でいったん母校へやってきた。もともと卒業後は社会人野球でプレーすることが決まっていたのだが、恩師・澤田の要請を受けて進路を変更。95年4月から松山商に赴任して正式にコーチとなった。ちなみにその後は亜大、東大阪大柏原高校や名古屋産業大学でもコーチを務め、2006年には京都翔英高校の監督に就任。無名だったチームを叩き上げで強くして13年春に甲子園へ導くなどの実績を残し、さらに藤井学園寒川高校（香川）でのコーチや代行監督を経て20年春には高知中央高校の部長、同年12月からは監督を務めている。

そんな指導者人生の始まりを母校で迎えた太田は、寮のすぐ隣にあったマンションの部屋を借りてチームにガンガン入り込んでいった。選手たちからすれば年齢もさほど離れず、頼れる兄貴分のような存在。ただ、太田のコーチ就任で〝日本一厳しいチーム〟の看板はよりたしかなものとなったとも言える。当時の高校野球界はまだ鉄拳制裁も当たり前のように残っていた時代だが、太田にはそれ以上に佇まいや言動だけでも圧倒してしまうような迫力もあった。選手が感じるプレッシャーは、いわゆる部内の規則や上下関係によって生まれる息苦しさとはまた別の種類のもの。太田も血気盛んな時期であり「コーチがグラウンドに来るだけでピリピリ感があった。みんなが顔色をうかがって常にビクビクしながら野球をしていた」（久米）という。

だが、その一方で「野球に関してはメチャクチャ怖かったけど、練習が終わればすごくフレンドリーでした」とは向井。また渡部は「オンとオフの切り替えがある。だから、すごく厳しい人ではあったけどみんなから慕われていましたね」と振り返る。そして、「松山商の野球だけでなく（したたかさや巧みさで有名な）亜細亜大の野球も知っていて、自分なりの勉強もされている方だったので、技術の部分はかなり細かく教えてくれました」と星加。事実、太田の助言によって能力を引き出された選手は多かった。

たとえば渡部はもともと、ガンガン振って一発長打で相手を圧倒する宇和島東の「牛鬼打線」に憧れており、自身の打者としての持ち味もその部分だと考えていた。だが〝松商野球〟では、最初から「センターから逆方向を狙ってコンパクトに振っていけ」と徹底される。86年夏の水口などがいい例で、打線の中で光るのはホームランの魅力があるタイプではなく、あくまでもヒットを量産できるタイプがほとんどだった。

しかし96年夏のメンバーに関しては、まず全国屈指のスラッガーである今井がおり、渡部や石丸らにもパンチ力があった。そこに目を付けた太田は彼らに対して「お前らは大きく振って強い打球を遠くへ飛ばしていけ」と説き、2年秋からは練習における攻撃面のウエイトも上げていった。結果的にも今井・渡部・石丸は、甲子園でも強力クリーンアップとして警戒される存在となった。

また渡部は2年秋以降、エースナンバーを背負い続けた投手でもある。そもそも入学時から期待はされており、投手の練習メニューにも取り組んでいた。ただそれ以上に打撃力が目立っていたため、1年秋には外野へ。その後はサードに回り、2年春からはほぼ野手に専念。レギュラーに定着した2年夏は甲子園で三番打者としてヒットも放っている。ところがその夏の手前で、新チームのエース候補と目されていた松山クラブ出身の同級生が退部。これで構想が崩れたこともあり、秋から渡部が投手に復帰している。自分が投げるしかない。そんな責任感も背負いながら成長していったわけだが、ここでも太田の存在は大きかったのだと渡部は言う。

「それまでの松山商って、僕が抱いた印象としては、とにかくアウトコース低めにすべて投げ切れることを理想として練習で投げ込んでいくイメージなんです。でも太田さんからは『立ち投げでも構わないからとにかく何キロ以上のスピードボールを投げろ』と言われたり、ランニング系が多かった練習メニューにウエイトトレーニングやチューブトレーニングが加わって細かい筋肉を鍛えるようになったり。投手ってコントロールを重視するのはもちろん大切なことなんですが、ある程度のスピードや球威がなければ打たれてしまう。その部分も求める取り組みを始めて、実際に球速が上がりました。打撃にしても投球にしても、ある意味、今までの松山商の理論を覆すような部分もありましたが、僕にはそれが上手く合っていたんだと思いますね」

太田は捕手出身ということもあり、特にバッテリーの指導には力を入れていた。寮生だった渡部は2年秋から寮に入った石丸らと練習後も毎日のように太田の部屋を訪れ、追加で技術指導を受けたりトレーニングを積んだりしていたという。

その石丸も、太田の影響を大いに受けた一人だ。

2年春までは控え捕手。ゴールデンウィークで練習試合が立て込んだ時期、主将で正捕手の堀内八起が不調だったこともあって途中交代で出場機会を得たのだが、実はそのきっかけを作ったのが太田。「チャンスがあったら行ってみろ」と背中を押してくれたこともあり、石丸が澤田のもとへ「使ってください！」と志願した。そこから起用が増えて2年夏は主戦へ。甲子園でもスタメン出場を果たした。

また石丸は同じ捕手として、太田から技術面でも多くのものを吸収している。

「練習法だったり考え方だったり、すごく新鮮だったんですよね。たとえばキャッチングなら、腕だけでミットを動かすんじゃなくて下半身を使って全身で捕りに行くんだとか、捕るときには指の角度を意識するとか。また本塁のクロスプレーにしても、今はルール的に無理ですけど当時はブロックが許されていたので、とにかくベースに覆いかぶさってガードしておいてから捕るとか、多少セーフに近いタイミングでもアウトにしてしまうような荒技もいろいろ教えてもらいました。なかにはスレスレの手もあるんですが、それを実際にやるかどうかは別として、やっぱり練習すると引き出しが増えてクロスプレーが上達していくんです。

あとスローイングでは、座ったまま投げろとも言われました。2つ上の世代で別府大付（現・明豊）に城島健司さん（元マリナーズほか）がいたんですが、遠征で松山商に来たことがあって、座ったまま投げて二盗を阻止したり一塁走者をけん制で刺したりするのを僕らは目の前でよく見ていた。太田さんもそれを知っていて、『城島もやってるやろ。あれくらいにならなあかん』と。これも練習して結構投げられるようになって、実際に試合でアウトにできたりもしたんですよ。2年秋の明治神宮大会でも『アピールになるからやってみろ』と言われてやりましたし、僕の概念にはなかったプレーをいろいろ叩き込んでもらいました」

さらに配球面でも「ある程度の組み立ては考えなきゃいけないけど、投手にもコントロールの良し悪しがある。だから困ったときは〝ひらめき〟だ。それまでの投手の傾向と捕手としての経験を生かして、そのときにひらめいた直感を大事にしろ」。あるいは「大胆細心」という言葉もよく使われた。余裕のある場面であればたとえば同じ球を3つ続けるなど、打者をおちょくるような発想で大胆に攻めてみる。だが、ここぞという場面では細心の注意を払い、ボール球から入ったり布石を打ったりして石橋を叩いて渡る。そんな使い分けの仕方も学んだ。のちに石丸は社会人野球の名門・東芝でプレーすることになるが、その素地を作ってくれたのは太田ということになるのだろう。

ちなみに、太田によるコンバートの提案が奏功した例もある。

96年夏のチームにおけるショートのレギュラーは2年生の深堀祐輔だったが、結成して間もない秋は深堀のケガによってポジションが空いていた。そこで本来サードの星加がショート、控えの捕手兼内野手だった向井がサードに入って大会へ臨み、センバツ出場を確定させている。だが冬になると深堀が復帰。キャッチャー石丸、ファースト今井、セカンド吉見は旧チームからのレギュラーで壁も厚く、翌春にはサード星加、ショート深堀も固定された。

この状況をあらかじめ見据えていた太田は冬の間、向井に「お前には打撃がある。それを生かすためにも外野へ行け」と勧めている。実際に秋の県大会決勝でアーチを放つなど、勝負強さは備えていた。向井はすぐ澤田のもとへ行き、「外野をやらせてください」。そして3年春にレフトのレギュラーをつかむと、夏の甲子園ではフル出場。20打数6安打2打点4犠打と、六番・七番打者としてしっかりと機能した。「外野なんて一度もやったことがなかった」という向井を生かした先見の明。そう言えば渡部を2年春に外野からサードへ回したのも、2年秋に控えショートだった矢野をライトへ回したのも、前者はハンドリング、後者は強肩を見込んで太田が指揮官に進言したものだった。澤田が浸透させた〝松商野球〟にところどころで太田がスパイスを加えていたあの夏の松山商は、同校史上では異色のチームと言えるかもしれない。

なおこれは余談だが、先述のエース候補ながら退部したという渡部雅也はその後、松山商の軟式野球部へ入部。そして96年夏、「軟式野球の甲子園」と称される全国高等学校軟式野球選手権大会で決勝に進出している。硬式と軟式で同時優勝となれば史上初の快挙。惜しくも岐阜の中京商業（現・中京）に敗れたが、選手たちはお互いにエールを送り合っていたという。相当な野球熱を秘め、もちろん高い意識も持っている。それが当時の松山商だったのだろう。

危機を救うエースの出現

95年夏、松山商は甲子園に出場したが、1回戦で旭川実業（北北海道）に4対5と敗れる。ただ、試合展開としては4回裏のビッグイニングが誤算だっただけで、それ以外は無失点。また三番・渡部が1安打1四球1犠打、四番・今井、六番・吉見、八番・石丸が揃って2安打1打点と、打線は2年生が支えていた。

経験値を高めた主力野手が残るだけに、新チームの課題は当然ながら投手力だった。秋の県大会は投手に復帰した渡部が先発、2年生の大本一也がリリーフと右の2枚を軸に優勝。2年生の西山道隆（元ソフトバンク）ら将来性のある投手も控え、スタートは順調だった。だが、続く明治神宮大会（当時は各地区大会の優勝チームが必ず出るわけではなく、日程は秋季四国大会の直前に設定されていた）で歯車が狂う。秋田高校との1回戦で渡部と大本がいずれも失点を重ねて2対9、7回コールド負け。センバツ出場の選考対象となる次戦の四国大会へ向け、大きな不安を残してしまった。

松山へ帰る道すがら、澤田はずっと悩んでいた。四国大会まであとわずか2週間弱。そんな短期間で2人をどうやって修正すればいいのか…。

「……あっ、待てよ。そう言えばアイツを試してみようか」

ここで頭に浮かんだのが、夏に背番号10の2年生エースとして大活躍を見せることになる下級生の新田浩貴だった。

新田はえひめ港南シニアから入学した長身右腕だったが、もともと体が細くてパワー不足。だから秋の県大会直前までは投手陣の練習にも入れず、ひたすら体力強化と雑用をこなしていた。いわゆる〝メンバー外〟という扱いだ。

本人も苦笑しながらこう振り返る。

「とにかくヒョロヒョロでしたね。投手志望の1年生は入部後にすぐ集められて球速を測るんですが、たしか基準が113キロか115キロだったかなぁ。僕は球が遅かったのでそのノルマを超えられずにふるい落とされて、そこからはずっとランニングと雑用。で、新チームになって今度は118キロっていう基準が設定されたんですけど、僕はそこでも落ちてしまった。だから秋の中予地区予選ではベンチにも入っていません」

ところが、ひょんなことから新田に転機が訪れた。

県大会を控えたある日。レギュラーメンバーが主力投手を相手にシート打撃を行っていたのだが、投手陣が軒並み不調でストライクが入らない。練習がスムーズに進まないため、三塁側にいた太田が「代われ！」「走っとけ！」などと喝を入れていた。そうこうしているうちに投手がいなくなってしまい、業を煮やした太田が練習の手伝いでたまたま三塁審判をしていた新田に声を掛けた。

ここからは再び新田の回想。

「太田さんが近くでメチャクチャ怒っていたので、僕は怖くて目を合わせないようにしていたんですね。そうしたらいきなり『オイッ!』って声が聞こえて『お前じゃ!』と。チラッと見たら、なぜかこっちを見ているんですよ(笑)。で、投手は常に長袖を着るのが決まりだったので『お前、ピッチャーか。こんなん誰が投げても一緒じゃ。7球だけ時間やるから、今から肩作ってお前が投げろ!』と言われて。えぇっ……と思いましたが、とにかく部室にグラブを取りに行って、スパイクを履いてマウンドへ。アップもキャッチボールもまったくしていなかったんですが(苦笑)、それでもストライクは取れて何とか無事にシート打撃が進んだので、良かったなぁと」

すると練習終了後、新田は澤田と太田のもとに呼ばれて「明日からピッチャーのメニューに入れ」と告げられる。突然のメンバー昇格。さらに県大会では背番号10で初めてベンチ入りを果たした。当時からコントロールだけは抜群だったのだ。

……と、そんな新田の存在を神宮大会での敗戦後に思い出した澤田は、中国大会1回戦で敗退したばかりの岡山理大付に連絡を入れてすぐに練習試合の予定を取り付けた。

公式戦はおろか、練習試合でも一度も投げていない投手を試すために組んだ1試合。澤田は新田に対して「お前は四国大会1回戦で先発や。この1試合だけで調整しろ」。この期待に1失点完投で応えたことで、「新田は使えるぞ」と確信を抱いた。そして高知商業との四国大会1回戦、新田は4対1で完投勝利を挙げる。続く準決勝（対高松商業）の先発は大本だったが初回に崩れ、ここも新田のロングリリーフで13対7と勝利した。これでセンバツ出場はほぼ間違いなしと見られたため、明徳義塾（高知）との決勝は渡部が先発。チームが延長10回で5対7という激闘を演じる中、新田は「（その先を見据えて）お前は体力づくりや」と言われて球場の周りを走っており、試合を観ていない。ただの偶然からチャンスを得た新田は、この大会だけで評価を急上昇させた。

疑問がある。いくらコントロールが良いとは言っても、新田の球速は秋の時点でも120キロ程度。裏を返せば的を絞りやすい投手で、渡部も「ライバル意識みたいなものは正直なかったんですけど、チーム内で紅白戦をしても普通に打たれるのに、他校との試合になるとなぜか打たれない。どうしてなんだろうっていうのはずっと不思議でした」と話す。ならば、澤田が新田に白羽の矢を立てた理由は何だったのだろうか。

「たしかに球威があるわけではないし、いつでも打てそうなタイプに見えますよね。ただ彼は肩甲骨まわりも含めて、関節の柔らかさからくる腕のしなりを持っていた。その分だけ、投手本来の理想である〝間〟を作れるんですよ。そしてやっぱり正確な〝コントロール〟。この2つの要素があって心持ち、そのタイミングに慣れていない打者をずらせるんだと思うんですよね。あとはフィールディングやけん制の上手さなど、マウンドさばきの部分も備えていた。もともとはまったく期待していなくてシート打撃でも練習台として放らせていたわけですが、良いものは持っているなとだんだん思うようになり、試そうと考えたわけです。四国大会に出ていた監督たちからは『騙された』とか『初登板の子を大事な試合でよく使えるな』とか、やいのやいの言われましたが（笑）、かく乱するつもりなんてなく、火の車だった投手陣に彗星のごとく現れてくれた感じだったんですよね」

そう言えばこの〝間〟の部分については、夏の甲子園決勝で戦った熊本工の一番打者・野田謙信もこんなことを言っていた。

「打席に立ってみて分かったことなんですが、新田って投げるときに（軸足側の）右ヒザがカクンッと折れるんですよ。普通にスッと体重移動して投げてくれればいいんですけど、ヒザを折る分だけちょっと抜かれるから合いづらい。『今までの投手とタイミングが違うなぁ』と感じましたし、しっかり捕らえたつもりでも実際は少しずれるんですよね」

大抜擢に応えた新田は春も存在感を示した。冬場はランニングによる肉離れで数週間の離脱こそあったが、球速も130キロ手前あたりまでは伸びた。また、もともとは縦にストンと落ちるカーブが得意で「中学時代は横に曲がる変化球を投げられなかった」のだが、太田の助言でスライダー習得にも挑戦。「もっと横に曲げろ、それはカーブじゃ、なんて言われてやっているうちに怖さが勝ったのか、投げられるようになった（笑）」という。最終的にはそのスライダーが新田の代名詞となってしまうのだから、高校生のポテンシャルというのは分からないものだ。

こうして台頭した新田は96年春のセンバツで甲子園の土を踏む。宇都宮工業（栃木）との1回戦では先発の渡部が制球に苦しみ、初回から3失点の乱調。2回途中からリリーフでマウンドへ上がった。

「打たれたらすぐ行くと言われていて準備はしていたけど、いざ出ていったら地に足がついていない感じでフワフワしてしまって……。もともと心配性で緊張しいでもあるので、前半は何をしているか分からない状態でした。やりたいパフォーマンスが100だとしたら30も出せなかった。試合は3対7で敗戦。あっという間に終わりましたね」とは言え、その状態で9回まで投げて4失点なら及第点だろう。澤田は「この投球を見て夏は新田を軸にしようとハッキリ決めた」という。そしてこの敗戦こそが、夏の松山商のスタイルを形作る布石となった。

負けないチームへの進化

伝統校というのはどこも多くの関係者やファンの期待を背負っているものだが、その中でも松山商は特別かもしれない。ＯＢともなれば母校を常に厳しい目で見ており、「甲子園に出るのは当たり前」という感覚。出場できても初戦で負けようものなら罵声が飛び交い、95年夏は1回戦で旭川実に負けたことで「（当時は全国的に実績で後れを取っていた）北海道のチームに負けるなんて考えられない」とずいぶん叩かれた。

また、松山商には熱狂的なファン集団もいる。普段からグラウンドを訪れては練習や試合などを見守るのだが、さまざまなところに目を光らせて名門としての品格を常にチェックしているような空気がある。彼らが浴びせてくる言葉も容赦ない。「甲子園に5年行けなかったら辞める」という澤田の覚悟も、松山商ならそうだろうなと自然に肯けてしまう。

そういう意味でも96年春のセンバツの結果はかなり堪えたという。2季連続の初戦敗退で非難囂々。「澤田じゃ甲子園で勝てない」という声も日増しに大きくなり、澤田も選手たちも「夏は絶対に負けられない」「初戦で負けたら松山に帰れない」という雰囲気を感じ取っていた。

ただ――そうした重圧は逆に中途半端な気持ちを吹っ切る要素にもなる。敗戦を機に、澤田の心の中ではさまざまな迷いが一気に消えた。

「不安だった投手陣は新田を中心に回そうと決めました。そして渡部は思い切って腕の位置を下げ、変則タイプにしようと。もともと秋からずっと悩んでいた部分だったんですよね。181センチと上背があるのでオーバーハンドからの角度にこだわっていたけど、腰の回転や下半身の使い方を見たら、ひょっとしたら腕を下げたほうが合うんじゃないのかなって。センバツでもやはりコントロールが定まらなかったので、ようやく割り切りができました。そして渡部には投球面での負担を減らす分、四番打者を担ってもらう。旧チームから四番だった今井を三番に上げて、より攻撃的な打線にしようと考えましたね」

新たな戦略にはすぐ手応えを感じたという。帰郷後に行われたチャレンジマッチ（センバツ出場校と春季県大会王者が県1位・2位の順位を決める大会）では新田が先発し、今治西を完封。攻撃面でも新四番の渡部が8回に一発を放って2対0で勝利した。続く四国大会は初戦で明徳義塾に1点差で敗れたものの、新田が3失点完投。鳴門（徳島）との3位決定戦では渡部がひとまずオーバースローのまま3失点完投勝利を挙げるが、大会が終わると本格的にフォーム改造へと入っていった。

女房役の石丸は「制球力抜群の新田と、サイドスロー転向で球筋が変わって安定感が出た渡部。夏の優勝はこの2人を柱にできたことが大きなポイントだった」と振り返る。

バッテリー3人で徹底的に話し合い、課題を潰していった。

たとえば新田は注文通りのコースに投げられるという強みこそあったが、分かりやすくポンポンとストライクゾーンで勝負しすぎる面があった。もともと球威があるわけではないため、いくらテンポが良くても配球に工夫を凝らさなければいずれは捕まってしまう。だから慎重に初球をボール球から入ってみたり、ストライクに見せかけたボール球で打者を釣ってみたり。「球数が増えてもいいからもっと1球ずつをていねいに組み立てていこう」と意識した。新田は「そうやって考えながら投げていくと、打者は遅いストレートでも手が出なかったり、ボール球のスライダーを振ってくれたりするんです。終盤までスイスイ投げられるようになって、手応えが出てきましたね」と話す。

一方の渡部はまずアンダースローに挑戦。「下から投げろって言われて感覚がまったく分からなかったので、何度か地面に手を打ち付けたこともありますね」と苦笑する。なかなかしっくり来なかったが、自分で投げやすい腕の位置を探している間に少しずつヒジが上がり、6月あたりに落ち着いたのがサイドスロー。かつてのサードからの送球をイメージして試してみたところ、力強いリリースの感覚が芽生え、球速も130キロ台と悪くない。その後は数字を140キロ近くまで伸ばしていくのだが、スライダーもちゃんとストライクゾーンへコントロールできるようになり、「自分でも『あれっ？』という感じ。春までのように崩れる心配がなくなった」という。

こうして松山商は自信を持った布陣で夏へ臨んだのだが、決して不安材料がなかったわけではない。渡部がサイド転向に励んでいる間、練習試合で連日登板を重ねた新田は5月末から右肩を痛めて約1か月ノースロー。また、主砲の今井も2年時から抱えていた腰痛が3年時に悪化。春の四国大会では、息ができなくなるほどのギックリ腰のような状態ながら病院で痛み止めの注射を打ってもらって出場するなど、すでに満身創痍だった。

そしてもう1つ、当時のチームには乗り越えなければならない大きな山があった。たしか6月のことだったか。過去の行き過ぎた指導が部内で問題となり、野球部長と太田が責任を取る形で辞任。結局は事なきを得たが、ともすれば夏の公式戦の出場辞退にまで発展しかねない状況だった。

太田の不在は大きな痛手だった。澤田の厳しさと太田の厳しさは似て非なるもの。だからと言って練習が一気に緩んだわけではないのだが、あれだけ存在感のあった〝鬼軍曹〟がいないとなれば心のどこかにわずかなスキが生まれやすくなる。

ただ、そうやって解放されたときにこそ人間の本質は出るのかもしれない。当時の選手たちはたしかに太田に練習を〝やらされていた〟部分もあったが、それが自分たちの成長においてまったく不要なものだとは思っていなかった。「ある意味、それまでギュッと押さえつけられていたから、手を離してそのゴムが伸びたときにボーンと一気に飛んでいった感覚ですかね」とは星加の表現だ。そして渡部はこう言う。

「太田さんがいなくなってからはどこか雰囲気に違和感があって、逆に不安でしかなかったですね。だから早めに練習が終わる夏合宿のときも、僕と新田と西山の3人はいつも通りグラウンドに残ってランニングをバンバンやったりとか、太田さんに言われていたメニューをずっと繰り返していた。それをやらずに終わるのが気持ち悪かったんですよね。僕らが自発的にそうしていたくらいですから、やっぱりそれだけ大きな存在だったんだと思います」

そのエピソードを太田にぶつけてみると、「初めて聞きました。僕が辞めてからずっと気になっていたので、そうやって自分らで練習してくれていたのは嬉しいですね」。

そして、微笑みながらこんな想いを語ってくれた。

「体が大きくて能力が高くてやる気もあるヤツが揃っていた世代なんだけど、僕が初めて来たとき、なんか練習を〝こなしている〟ように見えた。だからひと皮剝けてほしいという想いも強くて、もっとやらなアカンやろ、日本一にならなアカンやろと言い続けました。甲子園で2季連続初戦敗退をしてからは『やっぱり日本一にならなアカンな』と再認識して、とことん練習。ノックにしても声にしても、すべてを日本一にするんやと。そこにアイツらがついてきてくれたことが大きかったと思います。僕はホンマに生徒と向かい合ってガンガンいきました。怒るんも全力、褒めるんも全力、冗談言うんも全力。嘘偽りなくやっていましたからね。それが伝わったのかは分からんけど、夏の大会を観に行くと選手たちがわざわざ僕のところまで来てくれて、『ありがとうございます。内野席で一緒に応援してください』と言ってくれて。またメンバー外の子らも、夏が終わるとお父さんお母さんが集まる席に呼んでくれて、ワイワイ話す機会を作ってくれました。僕の住んでいるところまで全員が優勝メダルを見せに来てくれましたし、途中でチームを離れてしまったけど本当に嬉しかったんですよね」

澤田に食らいつき、太田に食らいついたことで自信を深め、頼もしくなっていった選手たち。

絶対に負けない――。松山商は強い覚悟を胸に96年夏の戦いへと挑んでいった。

第二章

熊本工、史上最弱からの上昇

地元からの大きな期待

松山商の優勝で幕を閉じた1996年夏、実に59年ぶりの準優勝を果たしたのが熊本工だった。

高校球界全体の傾向を考えれば、その快挙はさほど不思議なことではない。九州勢の活躍は90年代のトレンドの1つ。90年夏、91年夏と沖縄水産が2年連続で準優勝。翌92年夏は西日本短大付（福岡）が優勝を果たし、94年夏は佐賀商業対樟南（鹿児島）という九州勢同士の決勝だった。また99年春の優勝は沖縄尚学。そんな勢いがあった中で96年春を鹿児島実業が制し、夏は熊本工や波佐見（長崎）とともに3校で準々決勝へ進出している。

さらにもう1つ、あの夏の甲子園には特徴がある。キーワードは〝公立〟。私学全盛の風潮が高まった「平成」の時代で唯一、夏の決勝カードが公立勢同士になっており、この年を最後に「令和」の現在も同じケースは実現していない。しかも4強すべてを含む8強中6校が公立校。優勝候補に挙げられたのは春優勝の鹿児島実に同準優勝の智辯和歌山、投打にタレントを揃える横浜（神奈川）、PL学園（大阪）、浦和学院（埼玉）などの私立校ばかりだったが、そんな大方の予想を大きく覆した。

……と、なんだか時代の流れに便乗したような印象を抱かれるかもしれない。ただ実は96年夏の熊本工は決して下馬評が低かったわけではなかった。県大会では強力打線を武器に全試合2ケタ安打を放ち、チーム打率は4割5厘。5試合で52得点を挙げている。投手陣も左右の二枚看板が揃っており、守備力も高い。主将だった野田謙信によれば「負ける要素がないチームでしたね」。松山商、前橋工（群馬）、福井商というベスト4の顔ぶれを見たとき、「熊本県勢初の夏の日本一」を予感した人も多かったのではないだろうか。

そもそも、長きにわたって九州を牽引してきた古豪である。

熊本県立熊本工業高等学校。創立は1898年で、野球部は1923年に創部。「打撃の神様」と称される川上哲治（元巨人監督）、稀代の名捕手として知られる吉原正喜（元巨人）らを擁した34年夏と37年夏、いずれも甲子園で準優勝。つまり96年夏は日本一に手が届く3度目のチャンスだった。また全国ベスト4も5回ある。ちなみに県勢で甲子園決勝に進出したのは、他校では58年春に優勝した済々黌のみ。2021年現在、春夏通算43度という甲子園出場回数と勝利数46は九州では最多。伊東勤（元西武・ロッテ監督、現中日コーチ）、緒方耕一（現ヤクルトコーチ）、前田智徳（元広島）、荒木雅博（現中日コーチ）など多くの選手をプロへ輩出している。

熊本工の伝統は何か。野球のスタイルで言えば「強打の熊工」なのだろうが、おそらく一番は地域から愛され続けていることではないか。もっと言えば地元のファンが多く、野球少年たちの目標や憧れであり続けていること。コンスタントに結果を残していることとやグレーのユニフォームが醸し出すカッコ良さなども含めて、「自分も熊工のユニフォームを着て甲子園に出たい」という想いを抱く小・中学生は今も多いと聞く。

96年夏の世代もまた、そうやって入学してきた選手が多かった。たとえばのちに「左のエース」となる園村淳一は中3の夏、センターの高波文一（元阪神ほか、現ソフトバンクリハビリ担当）が頭を越された打球に対して必死にヘッドスライディングで食らいついた姿を見て、「絶対にこのチームで野球がしたい」と志している。あるいは、高波の弟で2年秋からチーフマネージャーを務めた高波恵士も「兄の背中を見ていたので、熊工に行ってみたいなという気持ちはありましたね。で、いざ進学を考えたときにはもう、甲子園に行くならこの学校じゃないとダメだなと」。当時の熊本工というのは野球部だけでなく学校全体に厳しい規律や上下関係があり、学校が運営する「熊工寮」に入るとその中での規則や慣例もあって練習どころではなくなる。だから野球部員は「寮には入らずに自宅から通うか、学校の近くに下宿しろ」と教えられていたのだが、高波は「あえて厳しい環境に入るのもいいかな」と入寮した。そして実際に入学したとき、周りの同級生を見てこう感じたという。

「当時の熊本は中学軟式が盛んな時代だったんですが、その中でも名の知れたメンバーがみんな集まってきていたんですよね。ショートの野田とセカンドの坂田（光由）は特に有名でしたし、外野の西本（洋介）や古閑（伸吾）のことも知っていたし。これなら甲子園に行けるなっていう確信はありました」

そこに加え、中学硬式からも有望な選手が入部している。

内野手の星子崇は熊本北シニアで全国3位の実績。熊本工にはすでに1学年上の兄・

星子勧もいたため、同じ学校に行くのはできれば避けたいという想いもあったが、「熊本で甲子園に行くならやっぱり熊工しかないよな」と考えた。さらに鳴り物入りだったのが捕手の境秀之だ。東京の名門・調布シニアでプレーしてシニア日本代表の主将も務めており、関東の強豪校がこぞってスカウトに来た。そのすべてを断り、父親の地元で祖父母が暮らす熊本の地に家族ごと引っ越す形で熊本工へ。しかも推薦入学は県内の中学生に限定されていたため、境はスポーツの評価などいっさい関係ない一般入試組。それでも「息子を熊工野球部でプレーさせたい」というのが父親の悲願であり、頭の中には「熊工で甲子園」が刷り込まれていたという。

彼らが入学した94年春、熊本工はセンバツに出場している。3年生には主将でショートの田中秀太（現阪神コーチ）がおり、2年生も内野に荒木、外野に田中雅興（元オリックス）、控え投手に松本輝（元ソフトバンクほか）と素材が充実。それだけレベルの高い環境にいれば当然、意識も自然と上がっていくものだ。当時のチーム内には下級生が1人ずつ上級生に付いて練習の手伝いやお世話をする慣習があったが、〝田中秀太係〟だった野田はこう話す。

「秀太さんは体つきも良くて野球のセンスもメチャクチャある。そのプレーを見て学ばせてもらいましたね。また僕は1年夏からベンチ入りさせてもらえたんですが、ショートのポジションでは秀太さん、荒木さん、僕の3人でノックを受けていたので本当に刺激をもらえました。熊工って、練習で先輩から教えてもらえることがほとんどないんですよ。だからとにかく見よう見まねで練習して、自分でその動きをできるようにして上手くなるしかない。そういう意味では、試合に行くバスの中でもキャプテンの隣の補助席が僕の席で、秀太さんとはわりと喋らせてもらっていたほうなので、それも大きかったと思います」

また〝荒木雅博係〟の星子も言う。

「荒木さんはものすごく練習していて、僕は毎日遅い時間まで一緒にいました。内容は地味なものが多かったですよ。僕がノックを打ったりトスを上げたりして、守備も打撃も当たり前のことを淡々とひたすら続ける。だからプロに行っても成功したんでしょうね。やっぱりある程度のレベルまで行くと、そこから先は練習量や取り組む姿勢がモノを言う。勉強になりましたね」

そんな中で野田、坂田、境、園村は1年時からメンバーの練習に入り、荒木らが最上級生となった95年春のセンバツではベンチ入り。また星子らも練習試合などで経験を重ねていった。突出した存在がいたわけではないが、攻守走の三拍子を備えた選手が多かった学年。1年生大会では見事に優勝も果たしており、2年秋以降も大きな期待を抱かせた。

ところが——彼らの世代は新チーム結成時に大きく躓《つまづ》くことになる。

95年秋、県大会で優勝候補と目されていた熊本工はまさかの1回戦敗退を喫した。相手も古豪の鎮西だから決して侮れはしないのだが、戦力的に考えれば圧勝でもおかしくないはず。しかし投打はなかなか噛み合わず、気付けば2対3で試合が終わってしまった。選手たちは途方に暮れ、周囲からは厳しい声が飛んだ。〝熊工史上最弱チーム〟。それが当時の彼らに貼られたレッテルだった。

名将が変えたもの

どん底からスタートしたチームを「本物」にした人物。それが95年8月から監督を務めた田中久幸だ。

現役時代は熊本工でセカンドとしてプレーし、主将を務めた65年春にセンバツ出場。さらに芝浦工業大学へ進み、社会人野球の強豪・日産自動車では日本一を決める都市対抗野球大会で73年準優勝に貢献している。引退後は82年から日産自動車の監督となり、84年に都市対抗初優勝。同年には日本代表監督として世界選手権（現ＩＢＡＦワールドカップ）でベスト４へ導いた。89年からは日産自動車九州でも監督を務めており、熊本工では5年間指揮。残念ながら２００６年9月29日、急性硬膜下血腫により59歳で急逝しているが、チーム作りや采配における手腕を広く知られる名将だった。野球界では「田中秀太の父」としても有名だろう。

就任は１９９５年だが、実はもともとその2年ほど前、息子が主将になるタイミングでのオファーもあったようだ。指揮官交代の空気は夏の手前あたりから漂っていた。
「噂もありましたし、薄々は分かっていました。当時のスタッフと会話をしている中でも、何となく言葉を濁しながらそんな話も出ていましたからね。実際は98年の学校創立１００周年に向けて強化するための人事だったようで、その土台を作るために少し前から就任ということなんだと思います。それがまさか1年目の夏にいきなり結果が出るなんて、ビックリですけどね（笑）」（高波）
そもそも、伝統のある強豪にありがちな「成績不振だから」という類の交代劇ではない。前任の山口俊介（前・熊本大学監督）は田中にとって2学年上の先輩。81年から部長を務め、田中の同期で当時監督だった林幸義（84年に退任ものちに田中の後任として再登板。前期5年、後期14年で甲子園出場通算11回の名将）をサポートして2度の甲子園出場に貢献した。その後は監督となり86年春夏、87年春、88年春夏と甲子園へ導く。さらに91年春夏は部長として、そして監督に復帰すると92年夏、94年春、95年春。実績は十分すぎるほどあり、田中の就任は「さらなるステップアップ」という意味合いのほうが強い。

スタートを切った秋がいきなり初戦敗退だから、新監督に対する風当たりはもちろん厳しかった。ただ、おそらく田中の中では明確なプランを思い描けていたのだろう。今となってはたしかめようもないのだが、2年秋からマネージャーに転身した上木卓は当時をこう振り返る。

「僕らは結構焦っていたというか、あの敗戦で『本気でやらないとマズいよな』という感じで。そんな中でも田中監督は焦る様子もなく、キャッチボールをずっとやる日もあれば、バントやゴロ捕りをずっとやる日もあれば、とにかく地道に基本練習を徹底されていた。心の中では勝たなきゃいけないっていうプレッシャーもあったんでしょうけど、まずは土台の部分がチームに足りていないんだっていう判断をされていた気がしますね。で、実際にそこを鍛えていたからこそ、夏も淡々と自分たちの戦い方ができたのかなと」

田中は就任初日にまず全員を集めたミーティングを行い、チームの方針を書いたプリントを配っている。その始まりは「履き物を揃えれば心が揃う」。その場で野田を主将に指名して「お前が読め」と促し、読み上げたら全員に復唱させた。そうやって心構えを示したら、グラウンドでは基礎を反復する日々。野田によれば「ものすごく細かい野球をされる方なんですけど、秋の大会まではアップ、キャッチボール、トスくらいしか厳しく言われていなかった。基礎の基礎を叩き込む段階だったんですよね」。つまり、まだ目の前の結果を求める時期ではなかったということだ。そして実際に秋の時点では、田中はチーム作りに関してまだ自身の色を出していない。試合では「お前らに任せるから好きなようにやってみろ」というスタンス。だから選手たちはそれぞれが希望するポジションを守り、攻撃の仕方や打順の組み方なども1年生大会でのイメージを継続した。

田中は策士である。果たして秋の苦戦まで計算していたのかは分からないが、チームを変革するタイミングを見計らっていたことは確かだろう。秋を終えると、熊本工には本格的に〝田中カラー〟が見え始めてきた。

たとえば冬場の体づくりにしても、今まではあまり重視していなかったウエイトトレーニングを週2回、スポーツジムに通って取り組むようになった。ランニングも単純に量をたくさんこなしていたものが、走るフォームまで細かく指導。さらにサッカーやバスケットボール、エアロビクスなども採り入れ、さまざまな発想で運動能力を鍛えた。「僕らからすればグラウンドで野球しかやってこなかったわけで、斬新というか新鮮さがありましたね。苦しさを感じながら歯を食いしばってやるだけのトレーニングではないので、あまりしんどいとも思わなかった」と野田。また選手たちへの接し方もフレンドリーで、田中が自ら先頭に立ってエアロビクスに参加してみせたり、甲子園出場時の宿舎では「外にお前らのファンの女の子がいるから連れてこようかなぁ（笑）」などとおどける部分もあった。一方で、練習や試合になれば冷静沈着。そうやってコミュニケーションの中で雰囲気を和ませたり引き締めたりするのが、田中流の人心掌握術なのだろう。

野田が続ける。

「田中さんは学校の先生ではない分、子どもを教育するという感覚よりも、ある意味で僕らを大人として扱ってくれていましたね。先生と生徒っていう感じではなく、お互いの関係性に幅を持たせてくれていた。ヤンチャも多かった僕らの世代を動かしていくには、今思えばそのやり方が合っていたのかもしれません」

ちなみに前任の山口は、学校の教員であり教育者。普段は物静かで温厚。練習では多くを語らずに選手たちの様子をジッと見守り、規律を守らなかったり和を乱したりしたときにだけビシッと言うタイプの指導者だった。それもまた高校生にとっては必要な存在で、高波は「山口先生と田中監督をちょうど半分ずつ経験できた世代だから良かったのかな」と言う。

選手へのアプローチもそうだが、野球のスタイルも真逆だった。

端的に言ってしまえば、山口は豊かな素質を備えた選手を集めることに長けており、あとは個々に任せて自由に考えさせていく。試合でも細かい指示はほとんどないため、必然的に「強打」の色も出やすい。練習内容も「ノック、フリー打撃、個人練習…」といった当時のオーソドックスな流れが多く、自分で見て学んで成長するという熊本工の伝統的なスタイルを踏襲していた。

だが田中は違った。目指していたのは、すべて組織的に動いてチーム力で戦う〝負けない野球〟。日常では守備練習の割合が極端に多くなり、各状況を設定したシート打撃やケースノックも増えた。さらにバントなどの小技や走塁も重視。だからと言って罵声を浴びせて強制したりはせず、「何やってんだよ……」という口癖の後で、それぞれのプレーについて実に細かく説明が入る。選手たちは「全員でこういう攻撃を仕掛けていく」「こういうピンチのときはこう考えてこう動く」といった戦略・戦術を徹底的に仕込まれた。

　余談だが、かつて田中が率いた日産自動車（現在は活動休止中）もそういうチームだった。日産を含めた神奈川の企業チームというのは、昔は外野が極端に狭い川崎球場で公式戦を行うことが多かった。しかも当時は金属バットの時代。もちろん打者はプロに近いレベルだから、たとえ1イニングで10点取ってもその裏に引っくり返されることがよくあり、「これだけ点を取ればセーフティーリードだろう」という概念がない。当時の選手や指導者は一瞬で流れが変わってしまう怖さを誰よりも知っており、それゆえに攻守とも1球ずつの精度にこだわる。そうやって築き上げてきた戦術や技術を受け継いでいるからこそ、「神奈川の社会人野球はレベルが高い」と言われている。

　ふと、思った。伝統の緻密さに攻撃面の迫力が加わった松山商と、伝統の強打に戦術面での組織力が加わった熊本工。96年夏の決勝は、もしかしたら同じ理想像を掲げたチーム同士の対戦だったのではないか。

　そんな疑問をこぼすと、野田がこう話してくれた。

「そうだと思います。正直な話、選手の能力だけなら、甲子園では松山商よりもそれまでに戦ったチームのほうが高かったと思うんですよ。ただ僕らが目指してきた組織的なプレーという部分では、松山商が確実に一番だった。そして同じ土俵で戦ったから負けたんですよね。もしも選手が自由に考えながら能力で圧倒するスタイルであそこまで上がれていたら、決勝1試合だけの勝負なら勝っていたかもしれませんね（笑）」

「大人の野球」への移行

チームカラーの転換は、当時の熊本工にとって大きなポイントだった。野田たちの世代だからちょうど良かったのかもしれない。野手を見渡せば、足が速くて肩が強くて攻守に動きが良いというバランスの取れた選手ばかり。それぞれの役割を理解させて機能させれば相当強くなる。田中もそんな青写真をハッキリと描けていたのだろう。

野田は「自分たちの感覚に任せてプレーすることは基本的にない。特に一番打者の僕と二番を打つ坂田に関してはまず投球を待たなきゃいけないことから始まって、多くの制約の中でプレーしていた」と話す。また、たとえば攻撃面の特徴で言うと相手をかき回すためにバントエンドランなども多用した。当然リスクもある作戦だが、練習試合などでも不思議とよく決まる。しかも、一般的なセオリーとされている状況やボールカウントではないタイミングでもサインが出た。なぜそんな芸当ができたのか。田中が相手バッテリーの心理と配球の傾向まで読み、確実にストライクを取ってくるだろうと判断されるところ、相手が無警戒だろうと考えられるところで仕掛けるからだ。

そういう経験を重ねていくと、選手たちはそのサインの根拠を探そうと細かい部分まで目を向けるようになり、「ここでサインが出るんだろうな」というのが肌感覚で分かってくる。さらに守備面でもそういった感性の部分は求められ、無死二塁のピンチで二塁けん制を簡単に1～2球入れただけで終わると、「なんでもう1球入れないんだ」と言われたりもする。何度も続けることで「しつこくけん制してくるな」というイメージを相手に抱かせれば、必然的に走者のリードが少し小さくなってスタートも少し遅れる。その直後でシフトを敷き、投手が確実に必ずストライクゾーンに投げる。あえてバントをさせて三塁で封殺するわけだ。

内野の要である野田と坂田は、田中によくこう言われた。

「野球は半歩、半呼吸で勝負が決まるから」

半歩でも半呼吸でも走者の判断を遅らせれば、セーフだったものがアウトになる。だから、二遊間は走者を上手く引きつけること。そして投手の間合いと打者の間合いを上手く外せるように工面しろ、と。実際、左腕の園村とはアイコンタクトだけでけん制を入れられるほど、阿吽の呼吸が生まれた。

細かいことの積み重ねによって守備ではピンチを凌ぐことができ、攻撃では自然と点が入っていく。「普段の練習を重ねていたら監督が動かしやすい選手になっていて、知らぬ間に勝てるチームになっていたんです」と野田は言う。こうした野球というのは逆に選手たちがついていけずに息苦しくなってしまう可能性もありそうだが、当時のチームに対する園村の見解が興味深い。

「もともとは熊工の看板を背負っている意識があるので、試合では勝たなきゃいけないっていう緊張感がありました。ただ田中監督って、試合では『今までやってきたものを出して楽しんでこい』って言うだけなんですよね。で、やるべきことも明確になっているので、逆にやりやすかった。伸び伸びと戦えましたね」

さらにもう1つ、田中の野球には選手起用についても特徴があった。

基本的に守備重視だから、いくら打てても守れない選手はレギュラーになれない。また脚力に乏しい選手も可能性は低かった。そして、田中はレギュラーをほぼ固定していた。

「お前らの後ろに代わりの選手はいないんだからな」

あえてそう伝えることで自覚を促した。危機感を煽るために交代を命じることはあったが、基本的には全員に競争を促すというよりもそれぞれの役割を認識させて責任感を持たせていく方針。だから代打や代走、守備固めの選手にしても、マネージャーにしても、各自が仕事を全うできた。自身の置かれた立場を客観的に捉え、現実を受け入れ、次に何をすべきかを前向きに考える。これはある意味、社会に出たときに必要になる能力だ。田中はやはり「大人の野球」を目指していたのだろう。

とは言え、まだまだ高校生。不満や戸惑いを抱くことも当然ある。

星子は秋の時点までは四番を打っていた。ただ田中が色を出し始めて1つずつのプレーに細かく指摘が入るようになると、どうにもしっくり行かない部分があった。そもそも1年生大会のときから「この世代は星子を中心にチームを作る」と言われてきた。早くから「熊工の四番」になるんだという自覚を持ち、その理想像へ向けて自分で打撃を磨き上げてきたのだ。

そんな中で突然の方針転換。星子は「ほとんど言うことを聞かず、サインも見なかった。だからどんどん打順を下げられて、さらに反発して……。スタメンを外されることもありましたね」と苦笑する。最終的に下位打線で落ち着くことにはなったが、もしかしたら星子以外にもこうしたジレンマを抱えていた選手はいるのかもしれない。やはり、チーム作りは一筋縄ではいかない。

スタッフもまた然りだ。もともと外野手として入学した高波は中学時代から山口と面識があり、「(プロ入りした)兄貴とは違う目指し方もあるぞ」と言葉を掛けられていた。そんな想いもあり、1年秋に自ら「マネージャーをやらせてください」。熊本工では代々、秋になると監督が2年生の選手数名にマネージャーを打診するという流れがあるが、1年時から志願するというのは異例。実はマネージャーはチーム内で選手よりも高い地位に置かれており、雑務の一方で練習を回したり、監督の意見を選手に伝えて取りまとめたりする役割も担う。大学野球部で言うところの学生コーチ的な立ち位置だ。

「2年夏までは、僕らの学年の面倒を見て最上級生に失礼のないようにするのが仕事。ただ2年秋になるとチーフになり、監督とのやり取りが出てくる。そのタイミングで監督が代わって、練習の雰囲気から内容から野球のスタイルから全部変わったので、最初はやりにくさもありました。要は新しい学校に来てまた新たに部活動を始めたという感覚ですからね。そして、一番苦しかったのは監督と選手の板挟みになったとき。ヤンチャな選手も多くて多少のいざこざもあったりするんですが、田中監督はそういう選手はチームに要らないという考えで、でも僕としては絶対に辞めさせたくない。『次にそういうことが起こったらお前は責任を取れるのか』と言われて、『万が一そうなったら、自分が責任を取って辞めます』と言ったこともありました」

そんな高波が慮《おもんぱか》るのは「自分はまだ志願しているからいいけど、監督から直々に言われるのはキツいでしょうね」。もちろん人間性も評価されてのマネージャー打診ではあるのだが、同時に「選手としての起用は考えていない」という宣告でもある。

高波の世代ではメンバーの練習を回す上木と、メンバー外を担当する前村雄馬の2人が2年秋からマネージャーとなった。

上木は当時をこう回想する。

「高校生ながらに、実力的にはもう厳しいのかと察した部分はありましたね。ただ、そのときに言われたのは『選手だけが野球をするわけじゃないから』。たとえ選手として頑張っても、その先ずっと野球を続けられる人間は一握り。今だからできることもあるし、高校で裏方だったとしても大学でまた野球をやったっていいんだと。そして『人のために何かできる人間ってこれから絶対に役に立つよ』というひと言で、決心がつきました」

田中は全員の前で「監督やコーチの次に偉いのはマネージャーです」とハッキリ言ってくれた。そして「マネージャーが言うことは監督の意見に近いと思ってもらって構わない」とも。上木は毎日必死にノックを打ち、トスを上げ、打撃投手も務めて選手たちを支えた。そんな姿を見てきたからだろう。甲子園の試合前シートノックではベンチ外の3年生に順番で外野ノックを担当させていたが、松山商との決勝で田中は上木に外野ノックをお願いしている。敗戦後、上木が「お疲れ様でした」と声を掛けると、田中は「すまんなぁ……」とひと言。「当時はあまり分かっていなかったけど、気遣いの人でしたね」と上木は言う。

ちなみに高校卒業後、上木は地元の大学へ進んで軟式野球部へ入部。再び選手としてプレーをしている。奇しくも、田中から言われた通りの道を歩むことになった。

「大学の軟式って、監督がいなくて選手がチームを回すケースがわりと多いんですよ。そういう部分では結果的に高校時代にマネージャーをやったこともすごく生きた。田中監督と出会えたことは本当に大きかったですね」

負ける要素がないチーム

秋の敗戦から時が経ち、熊本工は翌春の県大会で順当に勝ち上がった。冬場に取り組んだ体づくりの成果も表れ、また組織的な野球で試合運びもスムーズになっていた。決勝では秋の王者である東海大二（現・東海大熊本星翔）に対して序盤で5対0とリード。

その後に追い上げられ、5対4の9回裏に2失点で逆転サヨナラ負けを喫したが、野田は確かな手応えを感じていた。

「最後の逆転負けは外野のエラーが絡んでいて、凡ミスが出たら負けるよっていうのをまさに証明したような試合だったんです。ただ逆に言えば、僕らはそういうミスさえ詰めればもう負けることはないよなっていう感覚になれた。で、グラウンドに帰ってからは投手陣が特守、僕ら野手にはベースランニングが待っていて、負けたらしんどいなと。あの負けで逆にチームが締まりました」

そこからは実際、夏の松山商戦まで公式戦無敗なのだ。県が独自に主催しているRK K旗争奪選抜大会、NHK旗大会でともに優勝。そして、第二シードで迎えた夏の県大会も一気に制している。

野球の質とは別の部分で、秋に抱えていた不安要素も払拭している。

先ほど、秋の鎮西戦では選手主体のオーダーで臨んだと述べたが、このとき捕手としてチームを束ねるはずの境は肩を痛めていた。そして自身の希望によりファーストとして出場。ただ、その後に田中との面談で「このチームはお前がキャッチャーをやらないとマズいんだ」と切り出されている。

「もともと秀太さんと仲良くさせていただいていたこともあって、僕の話は聞いていたんだと思います。守備に関してはお前に一任するからキャッチャーをやってくれないか、と。結局、肩は最後まで治らなかったんですけど（苦笑）、そこからは捕手に戻った。でも本当に任せていただいて、ラフな方だったので僕は結構いろいろな場面でコミュニケーションも取らせていただいて。試合でもフォーメーションだったり投手交代のタイミングだったり、そういう考えは僕のほうからも意見を言えたので、すごくやりやすかったですね」

境は1年時、なかなかチームに馴染めない部分があった。鳴り物入りで入部していきなりメンバー練習にも参加しているから当然、それが面白くない先輩からの圧力は掛かる。また、そもそも慣れない熊本の地で「最初は熊本弁が分からないから、怒られているのかどうかも分からなかったんですよね」。さらに野球観においても独自のものを持っていたため、「これで果たして勝てるのだろうか」という疑問も抱いていた。

いっそのこと辞めてしまおうかと考えたこともある。そんな境にとって、対話を重視しながら細かく理論的に野球を展開する田中監督は、それまで眠っていた高揚感を引き出してくれる存在だった。

境がバッテリーのことで呼ばれたとき、ふとこう言われたことがあるという。

「お前が思っているよりもこのチームは強いからな」

全員の前では言わなかったが、田中は境に本音を漏らしていた。そして、やはり確信があったのだ。

自信を深めた春は、離脱していた主力メンバーも復帰を果たしている。

園村は秋にベンチ入りしていたが登板はなし。と言うのも2年春から腰を痛め、半年ほどはリハビリで病院通い。治ったのは秋の大会直前だった。もともと中学時代は軟式野球部。また体の線もかなり細く、1年時はまだ慣れない硬球をバンバン投げていたところ、1年生大会で肩を故障。だから1年冬は満足に練習できていない。2年春のセンバツでは貴重な左腕として背番号11でベンチ入りも、帰ってきてすぐ腰を痛めたわけで、高校2年間のうちはあまり実戦経験を積めていない。

当然、悔しかったという。

「とにかく試合で投げたいという想いで、2年冬はメチャクチャ走り込んで体幹トレーニングも積んで。それでも体重はあまり増えなかったんですけど、土台ができたので3年時はどこも痛くなかった。初めて思い切り投げられるようになって、試合で抑えていくうちにどんどん自信がついていきました。それと実は僕は中学時代、ストレートでガンガン押して三振を取るタイプだったんです。ただ熊工に入って周りの先輩たちを見たとき、ピッチャーの球は速いしバッターは遠くに飛ばすし、レベルが違うなと。それがあって、変化球を使って上手く交わしていく投球スタイルに切り替えていった。そういう意味では、礼儀とか決まり事とかいろいろ苦しいことはありましたが、かなり成長させてもらいました」

そんな園村の充実は、夏の戦いでも大きなカギを握っていた。

3年夏に「三番ファースト」を務めた本多大介もまた、秋は出場していなかった。

中学時代は投手。ただ高校では打撃を買われるようになる。もともと右打ちだったが、1年生大会に向けて左打ちにも挑戦するとこれがハマる。2年時からは本格的に打撃練習に入り、少しずつ練習試合などにも出場。2年秋はファーストのレギュラーで大会に出る予定だった。

ところが直前の練習中、走者として滑り込んだ際に送球が当たって左の鎖骨にヒビが入る。さらに夜、寝苦しくて病院からもらったサポーターを外したのだが、寝返ったときに肩が圧迫されて完全に骨折。したがって、秋はほとんどプレーできていない。

冬の前に骨が完治すると、本多は「今までにないくらいの気持ちで一番頑張った」という。バット1本に懸けてとにかく振り込んだ。そして春にきっちり結果を残し、中軸に定着。境は「三番・本多、四番・西本、五番・古閑の3人は相当伸びたと思いますし、打撃面ではかなり信頼が厚かった」と話す。だから当時の熊本工ナインはみな「松山商戦の延長10回裏、一死満塁で本多が打席に入った時点で絶対に勝ったと思いました」と口を揃えている。

ハマった最後のピース

夏へ向け、熊本工の戦力は十分に整ったかに思えた。投手陣はエースナンバーを背負う本格派右腕の村山幸一と、技巧派左腕の園村。指揮官がリードに全幅の信頼を寄せる捕手・境。経験豊富で野球をよく知る野田と坂田の二遊間。ファーストの本多、センターの西本、ライトの古閑は打撃の柱……。

ただ、トーナメントを勝ち上がるためには何かもう1つ起爆剤がほしい。その「最後の1ピース」が1年生の澤村幸明だった。

澤村は八代第六中時代に軟式野球で投手兼ショートとして全国制覇を果たした〝スーパースター〟だった。県内外の強豪から数多の誘いを受け、ある関東のチームはわざわざ実家まで何度も訪問するほどの熱の入れよう。もともとは兄と同じ高校へ行こうと考えていたが、「地元のトップチームで甲子園に行きたい」との想いが強くなって熊本工へ。当然、入部後からすぐにメンバー入りを果たした。

レギュラーの練習を回していた上木は、澤村の第一印象をこう語る。

「最初にフリー打撃を見た瞬間、これはモノが違うと思いました。そして『澤村を入れれば勝てるかもしれない』と。僕らの学年って平均以上の選手が並んでいましたが、打者としてコマが1つ足りないというのが正直なところだった。そしてポジションで言えば唯一、レフトが弱い。そこに星子を回して内野に他の選手を入れたり、外野手の井健太郎を先発させたりといろいろやっていたんですが、ちょうど澤村で埋められるんじゃないかなと思ったんです」

とは言え、澤村の本職は内野。だから最初はサードで試合経験を積んだ。ただ夏の県大会の1か月ほど前になると、やはり田中から「外野もやってみろ」。こうして、星子の打撃が好調なら「サード星子・レフト澤村」、守備のバランス重視なら「サード澤村・レフト井」というパターンが確立された。

と、こうしたケースで懸念されることが1つある。

いくら能力があるとは言っても、澤村はまだ1年生。熊本工の歴史を振り返っても1年夏からレギュラーを張った選手は10年に1人いるかどうかというレベルであり、そんな大抜擢を受けた選手は〝指導〟の対象になってしまうのではないか。

ただ、澤村によれば「3年生が優しくてよく面倒を見てくれたので、すごくやりやすかった。熊工は厳しくて怖いというイメージを持っていたんですが、全然そんなことはなかったですね」。どういうことか？

実は田中の就任以降、熊本工では上下関係によるギスギスした雰囲気も薄まっていた。境は「全然違いましたよね。むしろ若干タメ口のような感じで喋ってくる後輩もいたし(笑)、逆にこんなに緩くていいのかなと思うくらいだった」と話す。一人の大人として扱う。そんな田中がいたからこそ、澤村は輝けたのかもしれない。

それともう1つ、おそらく野田が主将だったことも関係している。

野田は1年時から〝指導〟を受けることがよくあった。当時の日本の部活動にはまだ軍隊式スパルタ指導の名残があり、何かあればすぐに正座、説教、罰走……そんな事例も決して少なくない。熊本工の野球部ではそれは〝シメ〟と呼ばれていた。

そもそも細かい決まり事が多く、たとえば身だしなみでも制服のベルトや靴、帽子などに関して「1年生はこうでなければいけない」というしきたりがあった。また「学校の売店や自動販売機を使ってはいけない」といった謎の決まりもあり、基本的に学校からグラウンドへ行く道中は常にダッシュ。これは「野球部あるある」だろうが、グラウンド整備にもうるさく、石が落ちていたり凸凹になっていたりすればすぐに叱られた。ゴロがイレギュラーバウンドをするのも下級生の責任。もちろん上級生よりも遅く来たり先に帰ったりすることなどはできないため、朝起きるのも早く、帰宅すると日付が回っていることもよくある。生活だけでもそこまで縛られている上に、言い掛かりのような理不尽な〝シメ〟があるのだから耐え難いものだ。

ただ、野田は言う。

「あの時代なので、やられることに関しては仕方ないと思って割り切っていました。でも僕自身はそういうものが好きじゃなかったし、関心もなかった。だから自分たちが上になったとき、そういうことはやらなかったですね。少なくとも僕が知る限りでは見たことも聞いたこともない。そういう部分に目を向けるよりも、とにかく甲子園へ行くんだと決めていましたから。澤村が試合に出ることについても、違和感はまったくなかったですよ。あれだけ能力があればそりゃあ出るわな、と」

野田はいつも全体練習が終わるとすぐトレーニングジムへ行き、ウエイトとティーバッティングに励んでいた。帰宅は毎晩1時。そこまで野球漬けであれば、むしろ周りを見ている余裕もないだろう。

あえて周りに言うこともしなかったが、そうした野田の姿勢は周りにも浸透していた。

上木はこう話す。

「僕らの年代って、諸先輩方から優しくなっていると言われ始めた世代だと思うんです。ただやっぱり最低限の部分は残しながらも、変な規則や上下関係は変えていきたいと考えはあった。そして、そういう部分に時間を割くよりも練習して強くなろうよ、と。そういう選手が揃った学年だったと思います」

動きが硬くなりがちな1年生にも伸び伸びとプレーさせてあげられる環境も作り、野田の言う「負ける要素」もなくなった。そして〝史上最弱〟だったはずの熊本工は集大成を迎える。記録員としてベンチ入りする高波は、夏を前に手応えを感じていた。

「このチームなら甲子園に行くだけじゃなくて、もしかしたら日本一を目指せるんじゃないかなって。そんな予感はありましたね」

第三章

それぞれの夏

【松山商の夏】県大会の戦い

ここからは両チームの夏の軌跡を追っていこう。

1996年夏、松山商は愛媛県内で優勝争いの本命に挙げられていた。もちろん楽観視はできない。対抗には岩村明憲（元レイズほか）を筆頭に強打者が揃う宇和島東、新田から移った一色俊作が率いて全国屈指の右腕・矢野諭（元日本ハム）を擁する帝京第五、前年のセンバツ4強の経験者も残る春の県大会王者・今治西。澤田が鎬を削った名将が率いる3チームもやはり、虎視眈々と甲子園出場を狙っていた。ただ、松山商も7月にはきっちりとチーム状態を整えた。明徳義塾や高松商といった県外の強豪との練習試合を組み、いずれも新田が好投。この時期には球速が130キロを超えるようにもなっており、春からの上積みは間違いなくあった。

初戦（シード校なので2回戦）の相手に決まったのは津島高校だ。周囲からは「松山商の圧勝」と見られていたものの、実はその年の津島は評判の高い投手2枚を中心にした好チーム。実際に練習試合でも対戦しており、勝負は引き分けだった。「初戦から手綱を締めました」と澤田は言う。スコアは6対2。序盤に大量リードを奪い、新田が反撃をうまく交わして完投勝利。危なげなくスタートを切った。

津島戦には、実はその後の戦いにつながる1つの分岐点があった。

この夏、松山商の投手起用は基本的に「背番号10」の新田が先発完投。そして相手チームとの相性や過密日程による疲労などを考慮し、ところどころで新田をリリーフに回して渡部に先発させるというスタイルを作り上げている。新田が登板する場合、打線の軸でもある渡部はレフトへ回っていた。と言うことはレフトの向井は新田が先発ならベンチスタート、渡部が先発なら出場するが投手交代の時点でお役御免となる。さらに大会直前の明徳義塾戦の終盤では、澤田が「大会ではこういうこともあるぞ」と言って先発した新田にそのまま外野を守らせ、レフト渡部と入れ替えるだけというパターンも試している。要は万が一、渡部が崩れてしまったときのために、新田をいったん別のポジションに残しておいて再登板させるというプラン。だから、必然的に向井の出場機会は減っていた。

と、この起用法に変化を与えたきっかけが津島戦のワンシーン。チャンスで打席に入った矢野があっさりとファウルフライを打ち上げて凡退した場面だ。この試合を境にして、新田登板時の渡部のポジションはライトになった。つまり「レフト向井」が固定となり、それまでライトで固定されていた矢野が逆の立場になったのだ。

のちに「奇跡のバックホーム」を成し遂げる矢野だが、夏のスタート時点でレギュラーから降格。その心境はどんなものだったのか。

「体のコンディションも良く、打撃の調子も悪くなかったんですけどね……。ただ僕は下位の打者なので、無理して大きいのを打つ必要もない。自分でもつなぎ役だとは思っていましたし、もっとチーム打撃に徹することができれば変わっていたのかなと。僕の中であのファウルフライの打席は今も忘れられない。本当に悔しかったですね」

矢野が出場できるのは渡部がマウンドに上がるときか、もしくはリードを広げた終盤の守備固めだ。渡部と3番手右腕・西山の継投で6対0と勝利した今治工業との3回戦。新田が先発して最終回を西山が締め、8対0の7回コールドで松山中央を下した準々決勝。渡部が先発し、新田のロングリリーフで凌いだ宇和島東との準決勝。そこまでは何とか機会が巡ってきたが、4対2という接戦で新田が完投した決勝はついに出番なし。対戦した帝京五のエースの姿を見て「同じ〝矢野〟なのになぁ……」という感情も湧いた。結局、県大会では5試合中4試合に出場し、通算8打席で5打数1安打。矢野は「渡部の投球内容次第なので『頼むぞ』と思いながらも、結果を残せていない自分が悪いんだよなと。その複雑な想いはずっとありました」と話す。

そんな葛藤を抱えるメンバーもいる中で、チームは見事に県大会を制した。最も苦戦を強いられたのは宇和島東戦だろう。先発の渡部が2回途中2失点で降板。その後を受けた新田も打ち込まれ、3回表終了時点で0対4とリードを許した。澤田の中では「ある程度の点数が取れるだろうと計算していた」というが、今井は「僕らが一番警戒していた相手だったし、雰囲気的に前半は飲み込まれていた。焦ったのは正直なところ」と振り返る。ただ、そんな中で松山商は守備から活路を見出した。

マスクをかぶった石丸が言う。

「相手打者が投げる球すべてに対して踏み込んで打ってきていたので、宇和島東打線ってやっぱり感覚がすごいんだなと思っていた。ただ、途中で球種とコースが全部バレていることに気付いたんです。センターの久米が指摘してくれたのですが、そこで即席にサインも替え、逆に相手を惑わせるようにしたらピタッと抑えられるようになって……」

流れが変わった。5回表を終わって3対6だったが、その裏に4得点で一気に逆転。さらに6回に1点、8回に一挙5点を奪って13対6でコールド勝ち。澤田の目論見通り、打線は吉見と石丸にアーチが飛び出すなど長打9本、合計17安打の猛攻を見せた。

野球ではこうした1つの要素がきっかけとなり、形勢が一気に引っくり返ることがよくある。特に高校野球の場合は「半分大人、半分子ども」の高校生がプレーするもの。精神的優位に立つと勢いが増していく分、どこか1つ歯車が狂うだけで余裕がなくなり、どんどん追い込まれていつの間にか劣勢になってしまう。松山商がそんな「流れ」をモノにできるのはやはり、細かい物事にもアンテナを向ける視野の広さとスキのなさが浸透しているからなのだろう。

その部分は、甲子園出場を懸けた決勝でも存分に発揮された。

帝京五との決戦は当時、一色と澤田による松山商の〝師弟対決〟として注目を浴びた。1回表に帝京五が先制すれば松山商もすぐさま追いつき、2回裏に今度は松山商が1点勝ち越したが、3回表に帝京五が追いつく。評判に違わぬ好ゲーム。3回裏に今井がソロホームランを放って松山商が3対2と再び勝ち越すが、4回表にまたも帝京五のチャンス。ここでマウンド上の新田は「今井さんに『お前、ええ加減にせえよ』と怒られました（苦笑）。でもそれでスイッチが入った」。4回以降はゼロに抑え、計11安打を浴びながら2失点で踏ん張った。

澤田によれば、ポイントとなる場面が2つあったという。

「どちらも内外野の連係プレーですね。1つは先頭打者にレフトオーバーを打たれたんですがレフト・ショート・セカンドとつないで二塁でタッチアウト。もう1つもやはり先頭打者で、今度は右中間を抜かれながらもライト・セカンド・サードとつないで三塁でタッチアウト。長打を2つ阻止できたんです。最終的なスコアは4対2ですから、試合はどっちに転んでもおかしくなかった。あの2つのプレーがセーフだったら、負けていたのかもしれません」

中継プレーやカバーリングなどは特に大事にしてきた。「守備」と言うとどうしても内野手のプレーにばかり目が行きがち。だが澤田は「内野のエラーはワンヒットで収まるけど、外野のエラーは長打になる。失点に直接つながるんだ」と言い続け、外野守備も細部にまでこだわった。内容的に言えば当たり前のことなのだが、そこを徹底できているチームは意外と少ない。

たとえば試合前、外野手は定位置から何歩でフェンスに到達するのか、真横（ファウルゾーン）や真後ろ、斜め後方（右中間や左中間の最深部）への距離を測る。またクッションボールがどう跳ね返るのかも確認。試合前ノックでは芝の状態、太陽の位置、風が打球に与える影響などもチェックする。もちろん、球場に掲げられている旗を見て風向きを判断する癖もつけなければならない。

そして連係という部分では、捕手から二遊間へと伝わったサインが外野手にも示され、それに基づいてポジショニングを決めていく。実際に打球が飛んできたら、外野手はカットマンの胸にすばやく正確に送球。さらにカットマンはベースマンが捕りやすいように、ハッキリとしたワンバウンドで送球する。松山商はこれを日々の練習で何度も何度も繰り返し、それぞれが最適な距離感で動けるようになっていった。ショートの深堀は「（セカンドの）吉見さんからはよく『トレーラー（カットマンの後ろでサポートに入る2枚目の内野手）のバックアップは大事にしろ』とも言われましたね。中継プレーには特に厳しかった」と振り返る。

　小さなことの積み重ねが大きな舞台で生きてくる。それをまさに体現したのが県大会決勝だった。

勢いを与えた甲子園

　3季連続となる甲子園出場を決めた松山商だったが、ここで澤田に掛かるプレッシャーはピークを迎えた。

「夏の県大会で優勝した瞬間って普通、監督としては嬉しいですよね。でも私は『これで絶対に負けられなくなった』と。それくらい2季連続初戦敗退のショックは大きかったし、このプレッシャーがまだまだ続くんだなとか、次もまた初戦で負けたらどうしようなんて思って、当時は喜べるどころか逆に苦痛を感じていましたね（苦笑）」

そして実際、選手たちにも思うところがあった。

たとえば渡部はサードで出場した2年夏の旭川実戦、先述した相手のビッグイニングで一死一・二塁から三塁線を抜かれ、3点目を献上している。「ゲッツーだと思った瞬間、捕ったつもりの打球が横を抜けていた」というから、どこかに焦りがあったのかもしれない。さらに3年春の宇都宮工戦は先発マウンドに上がるも乱調。敗戦に大きく絡んでしまったという自責の念があり、「自分が投げて甲子園で勝つ」という目標を掲げてきた。その両ゲームでマスクをかぶった石丸、春は4打数ノーヒットに終わった今井などもまた然り。選手間でも「甲子園でまず1勝」が共通の想いだった。

ただ、一方で強みもあった。

「甲子園で2度戦ったことで、環境には慣れていましたね。野球がどうこうというよりも、甲子園に出たらこういう流れで動いて試合に向かっていくんだなと。それを体感できたのは大きかった」（星加）

「センバツは地に足がつかないまま終わってしまった印象ですが、球場の全景は覚えていました。外野のフェンスまでの距離とか、ファウルグラウンドの広さとか、芝の状態や風の吹き方とか。そういう感覚をしっかり分かっていたことは夏の戦いに生きたと思います」（矢野）

そもそも2年夏の時点では、経験豊富な今井でさえ「初めての甲子園で第一打席は足が震えた」のだという。高校生にとって「一度経験している」というのはそれだけ大きなことだ。

迎えた甲子園1回戦。松山商は東海大三（長野）に8対0で勝利を収める。1回表に石丸のタイムリーで先制すると、4回に1点を追加し、6回には吉見の適時三塁打で3点目。そして8回には渡部に3ランが飛び出すなど一挙5点。打線は14安打で先制、中押し、ダメ押しと理想的な攻撃を見せた。一方で先発の新田も低めをていねいに突き、散発6安打で完封。これ以上ない完璧なスタートだったと言えるだろう。

ひとまず最低限の責任を果たしたことで、澤田や選手たちは一気にプレッシャーから解放された。今井は「この勝利でみんな（上まで）行けるんじゃないかという気になった」と話す。そして新田も手応えをつかんだという。

「1回戦でスイスイ投げられて、意図した通りに打者を打ち取れていたので、やってきたことが間違いじゃないなと再確認できた。意識としては打ち気を逸らす遅いカーブでカウントを整えながら、いかに遅いストレートを速く見せるか。相手にスライダーだろうと思わせておいて、インコースにドンとストレートを投げ込むとか、そういう配球が大会を通して上手くハマっていたのかなと思いますね」

新田はこの夏、石丸のサインに対して首を振ることも多かった。自分の中で投球の組み立てをイメージできているからこそ、特にカウントを追い込んだ後の決め球は自分で決断した。ただ、それは決して「バッテリーの呼吸が合っていない」ということではない。新田と石丸はそれぞれ、こんな見解を抱いている。

「捕手は理詰めで考えて打者のタイミングや仕草、それまでのデータ傾向などから配球を選択するもの。だからすべて説明できると思うんです。でも投手っていうのは感覚的な生き物。マウンドでは打者の目を直接見ることができて、佇まいから感じるオーラとかタイミングの合わせ方、両者の空間に流れる間合いの部分で、『何か嫌だな』って思うときがある。そういうときはだいたい打たれるので、首を振っていましたね。ただ流

れがスムーズなときはもちろん、テンポ重視でポンポンと投げていました」（新田）

「相手のデータ収集もしますが、試合ではやっぱりその場の状況や打者の様子を見ながらのリードになる。だから投手の良さを引き出そうという感覚はベースにありました。特に新田は自分の投げたい球を投げてくるタイプでしたが、僕は強引に言うことを聞かせるのではなく、できるだけ彼に合わせるようにしていた。と言うのも、実は打者のスイングやタイミングって投手が一番感じられるんですよ。練習で打撃投手などをやっていてもそう思うことが多かったので、投手の考えや思いは尊重すべきだなと。もちろん、ここでこれを投げたら絶対にダメっていう部分は却下しますけどね」（石丸）

お互いの方向性は同じ。バッテリーがそうやって噛み合ったからこそ、この夏の松山商はとにかくリズムが良かった。

振り返れば甲子園の全6試合はすべて先攻。今井によれば「試合前の（先攻後攻を決める）ジャンケンで負けた記憶はない」というから、すべて澤田の指示で先攻を取ったことになる。「後攻のほうが精神的に有利」というのが野球界の定説だが、そもそもブレずに淡々と戦えることができるのであれば、先攻と後攻に優劣の差はないはずだ。むしろ勝負の世界では「先手必勝」が鉄則。先取点を挙げれば相手によりプレッシャーを与えることができる。まして1回戦から3回戦までの相手はすべて初出場校だった。学校としてもまだ夏の甲子園という大会の流れそのものが浸透しておらず、スケジュールに合わせて動くだけでもバタバタして浮き足立つことも考えられる。

序盤の攻撃で点を取れる。バッテリーを中心に守備では最少失点に抑えられる。そんな自信があったからこそ、松山商は先攻を選択した。そして現に6試合すべて、1回表か2回表に必ず先制している。澤田もこう話す。

「普段から先制点には重きを置いていましたし、先手必勝は心掛けてきた部分。また投手にも計算が立ち、1回戦で先攻を取ってとても良い流れで勝てましたので。そこから、先行して逃げ切るというスタイルを作り上げられたと思います」

2回戦は4日後だった。相手は西東京代表の東海大菅生。2年生ショートの笹川隆(現ソフトバンクコーチ)などを擁する実力校だ。

展開としては接戦になった。2回に渡部が2戦連発となるホームランをバックスクリーンに叩き込み、向井もセーフティースクイズを決めて2点を先制。この試合の先発は渡部で4回と6回に失点して追いつかれたが、7回には向井の適時二塁打や相手守備の乱れなどで4対2と勝ち越した。その裏に渡部が1点を失うと8回途中からは新田が救援。9回表、新田と星加にタイムリーが出て6対3。9回裏に新田が2点を失うが、一度もリードは許さずに6対5で逃げ切った。

今井は「1点差だったけど正直、危ないという感じはしなかった」と振り返る。1回戦突破で肩の荷が下り、いつもの戦い方が徹底できていた。9回裏、二死二・三塁から2点タイムリーを浴びた場面も、打球を処理したセンターの久米があえてバックホームをせず、二死一塁で次打者との勝負へ。澤田は「本塁へ投げてもおかしくないタイミングだったけど、そうするとおそらく打者走者が二進して一打同点のピンチになっていたはず。久米の好判断ですし、みんな周りが見えていました」と評する。

そして実はこの日、試合前にも松山商に勢いを与えるきっかけがあった。

東海大菅生戦は第3試合だったが、第2試合のカードは明徳義塾対新野（徳島、現・阿南光）。当時、松山商は明徳義塾を苦手としていた。秋春の四国大会ではいずれも敗れ、練習試合でも引き分け止まり。右サイドのエース・吉川昌宏（元ヤクルト）に対し、特に右打者は完璧に封じ込まれていた。一方で新野とも練習試合を行っており、こちらは松山商が大勝。外野手の福良徹（元広島）など好素材のいるチームではあったが、組みやすいのは明らかに新野だった。

試合前、室内練習場でウォーミングアップをしながら、澤田はモニター越しに第2試合の様子を見ていた。勝ったほうが次戦の対戦相手となるからだ。

「普通に考えたら明徳が勝つよなぁ……」

そう思っていると案の定、5回までに3対0と明徳義塾がリード。ここで澤田は淡い期待を捨て、チームの準備に専念する。そして試合に備えて待機するため、球場の出入り口へ……と、すぐ異変に気付いた。

「スコアを見たらね、新野が終盤に逆転して4対3になっているんですよ。で、最後の打者が倒れるのも見届けて。その瞬間、あの明徳が負けたのかっていう衝撃と同時に、上位進出へ向けて明るい兆しがバーッと見えてきました。勝てるときって、なぜかそうやってすべてが好転するんですよね」

つまり、1回戦からの勢いを加速させながらの2回戦だったのだ。

そして、中1日で迎えた新野との3回戦は4回までに7対0。野手は3犠打の向井以外が全員ヒットを放ち、13安打を集めた。2回戦まで9打数1安打だった今井も復調して4の2で、なかなか仕掛けない三盗まで決める活躍。先発の新田は2度の一死満塁を併殺に切り抜けるなど、7回を投げて2失点。渡部もリリーフで2回をきっちり抑え、8対2と快勝した。

王者を倒して波に乗る

準々決勝は3回戦の翌日に行われた。相手は鹿児島実。春夏連覇を狙うセンバツ王者だ。

因縁があった。太田が主将だった90年夏、甲子園3回戦の相手が鹿児島実。松山商は0対1の6回裏に2点を奪って逆転したが、直後の7回表、内之倉隆志（現ソフトバンクブルペン捕手）に逆転3ランを食らって2対4で敗れている。

当時、澤田は監督に就任して丸2年。「鹿実は勝負強くて選手の体つきも違った。そこから私も〝鹿実のようなチーム〟を目標にしていったんです」と言う。その年の国体の決勝では早くも鹿児島実との再戦が実現したが、3対2の9回表に2点を取られ、3対4でまたも敗戦。その後はお互いの学校の周年行事で招待試合を2試合ずつ行ったが、やはり4戦いずれも敗れている。

澤田にとっても松山商にとっても、避けては通れない壁。選手たちにもそんな意識はあったという。

試合では投打が嚙み合った。スコアは5対2だが、連投で臨んだ新田は8回まで3安打無失点と抜群の投球内容。9回裏の反撃も2失点に食い止めて完投した。鹿児島実は大会ナンバーワン右腕のエース・下窪陽介（元横浜）、捕手の林川大希が打線の軸としても注目されていた。特に下窪は五番打者として3回戦まで13打数9安打と当たっているため、松山商バッテリーは四番の林川も含めて「下窪の前にいかに走者を溜めないか」を心掛けたという。澤田いわく「新田の出来はあの試合が一番良かったかな」。本人もこう振り返る。

「疲れもあったからか、ほどよく力が抜けていて、気持ちよく投げられたんですよね。

低めを突いてゴロを打たせることができて、相手が上手くハマってくれた。いわゆる〝ゾーン〟に入った感覚だったのかもしれません」

攻撃面でも今井が初回に甲子園初アーチを放って波に乗った。また、当時の下窪は「消える魔球」とも称されるスライダーを武器に安定感を誇っていたが、松山商の打者はしぶとくボール球を見極めて最終的に147球を投げさせている。出鼻をくじかれたことで下窪が少し投げ急ぐようになり、2回には4安打を集中させて3得点。松山商は終始ペースを握った。8回には一塁走者の久米が二盗、三盗を決め、本盗も企画。これは阻まれるも、1イニング3盗塁が決まっていれば史上初の偉業。久米は「その辺が運を持っていないところですよね」と頭を掻くが、チームは乗りに乗っていた。

今井は「鹿実に勝ったことで『ひょっとしたら優勝できるんじゃないか』っていう気持ちになってきた」と言う。自身は腰痛を抱え、たびたび痛み止めを飲みながらの戦いだったが、「何とか甲子園でホームランを1本打ちたかったので良かった」。実は甲子園では他にも「入った」と思える好感触の大飛球を何本か放っている。しかし、最後は失速して外野フライ。浜風に押し戻された。

そんな今井について、澤田は「県大会のときから腰痛もあってキレが悪く、徐々にオープンスタンスになってテクニックだけで打っている部分もあった」と話す。だが、それでも大黒柱には絶対的な信頼を置いた。

「今井がいるだけでチームに安心感があるんですよ。親分肌というか、彼が言うことなら同級生でも従う。下級生からもよく慕われている。そしてもちろん、実力もあって野球も熟知している。だから新チームを結成したときなどは、私もまったく悩むことなく『今井がキャプテンだ』と。存在そのものがチームにとって大きかったんですよね」

主将のひと振りで試合を動かし、エースの好投で締める。試合後、澤田は敵将・久保克之に「やっと勝たせてもらえました……」と長年の想いを伝えたという。

さて——3回戦、準々決勝といずれも第4試合でナイターゲームを戦った松山商。当然、翌日の昼に行われた福井商との準決勝では選手たちに疲労が残っていた。そんな中で4連戦となる決勝を見据えれば、特に新田の負担はできるだけ軽減したい。先発は渡部に託した。

この夏の渡部の甲子園での投球成績は、全6試合中4試合に登板して17回を15安打5

失点。四死球も決勝での敬遠2つを除けば5つと、内容は悪くなかった。

石丸が言う。

「渡部はサイドにしてから自信を持って投げるようになりました。何よりも春までと比べて、制球力が格段に良くなった。それでもまだ投げてみなければ分からない部分はありましたが、スライダーの精度も上がったしフォークも使えるように。投球の幅が広がって、配球に計算が立つようになったんですよね」

福井商戦、渡部は粘りの投球を見せた。1点を先制した直後の1回裏、先頭から2連打でいきなり追いつかれてさらにピンチを招くが、後続は断つ。2対1の5回裏には一死二・三塁から犠飛で失点も、送球間の進塁を狙った二塁走者を石丸が刺して逆転は許さない。そして6回裏は三者凡退。7回表に1点を勝ち越した時点で新田にバトンを渡した。

さらに7回裏だ。一死満塁のピンチでライナー性の打球がライトに入った渡部のもとへ。ここで渡部が捕って勢いよく本塁へワンバウンド送球をすると、石丸が上手くカバーしながらタッチアップを狙った三塁走者にタッチしてアウト。同点になるのを防いだ。

その後、8回表に松山商が2点を追加して5対2。打線は好投手の亀谷洋平が投げる重いシュートに対し、詰まることを恐れずに思い切って振り続け、逆にプレッシャーを掛けていった。そして終盤に貴重な追加点。勝負は決まった。

決勝の延長10回裏と同じ「一死満塁」だったのは偶然だろうが、松山商は重大なピンチの局面にとにかく強かった印象がある。ちなみに7回表の追加点は、逆に一死満塁のチャンスで向井が詰まらされながら打った投ゴロを相手が失策。試合を通しても福井商の5失策に対して、松山商はノーエラーだった。通算142失策というワースト記録が話題となった大会において、全6試合でわずか5失策。さらに見えない部分でもやるべきことを徹底していた松山商の守備力は際立っていた。

なお余談だが、新田は実はリリーフが苦手だったという。

「東海大菅生戦も9回に2点を取られているし、福井商戦も交代した7回にいきなり3四死球で満塁のピンチ。今思えばずっと先発しかやっていなかったので、人が使ったマウンドでボコボコに跡がついている状態から投げ始めることに順応できていなかったんだと思います。足で踏む位置もしっくりこなくて、ストライクを取るのがやっと。当時は『何かいつもと違うなぁ』って思いながら必死に投げていました（苦笑）」

ともかく、こうして松山商は86年の準優勝以来、10年ぶりに甲子園決勝の舞台へとコマを進めた。

【熊本工の夏】確率の高い野球で県を制す

熊本工は県内で2強の一角と見られていた。もう1校はもちろん、秋春と県大会を制している東海大二。実はその2年前、熊本工が優勝した1年生大会の決勝でも当たっており、言わばライバルである。あちらが第一シード、こちらが第二シードだから順当に勝ち上がれば決勝で対戦する。選手にもスタッフにも「東海を倒さなければ夏（甲子園出場）はない」という認識があった。

高校野球に限らず、一発勝負のトーナメントの大会では「チームを勢いに乗せること」が重要だと言われる。言葉にするのは簡単だが、これは非常に難しい。そもそもチームは生き物であり、それぞれの選手に好不調もあれば、対戦相手との相性の良し悪しもある。また途中で想定外のアクシデントが発生することもあるし、天候やグラウンドコンディションなどの環境も日によって違う。

そうした要素をすべてひっくるめて、いかにチームが持つ力を発揮させていくか。あるいは「今は放っておこう」「ここらで刺激を与えておこう」などと手綱をギュッと締めたりフワッと緩めたりしながら、いかに波に乗せていくか。もちろん采配においては、一戦必勝で目の前の試合に勝つことだけを目指していく場合と、チームとしての目標を念頭に置いて大会全体を見据えながら戦う場合とでは、たとえ同じ場面でも出す解答が違ってくる。それも考慮した上で、知識と経験と感性をもとに巧みにチームを操縦する。それができるのがいわゆる〝名将〟なのだろう。

そして、その方法は人によって違う。たとえばチームに課す練習1つにしても、松山商の澤田の場合は夏の県大会を見据えて数週間前から心身ともに追い込み、大会直前になると夏合宿を実施。そこで練習量を緩和しつつ一体感を醸成するという手段を取る。あるいは、かつて智辯和歌山を指揮して歴代最多の甲子園68勝を挙げた高嶋仁などは、基本的に大会が始まるギリギリまで追い込み、心身とも疲労がピークの状態で県大会初戦を迎えさせた。最も苦しい状況での戦いを乗り越えることができれば、そこから先は選手たちにも余裕が生まれてどんどん力を発揮できるようになる。初戦で負けようと決勝で負けようと、負けは負け。そういう発想で、甲子園に出場してからさらに勢いが増すようなプランを考えているわけだ。

では、田中の場合はどうか。野田によれば「大会だからと言って普段と何も変わらない」という。

「夏へ向けて浮き沈みを作ることはいっさいないですね。特に何かをやって追い込んだりとか、チームに刺激を入れてあえて落としたりとか、そういうこともない。常にやるべきことを徹底していたので、いつもと同じように練習が続いて淡々と大会に入っていく感じでした」

それはある意味、先述した先攻と後攻の「流れ」の話にも通じる部分だろう。そして県大会1回戦だろうと甲子園決勝だろうと、試合でやるべきことは何も変わらない。野田の言う「負ける要素」のない野球をしていれば、相手によほどの神懸かり的なプレーが出ない限り、高い確率で勝つことができるのだ。

投手の二枚看板である園村と村山は、田中に「お前らに3点まではやる。それ以内に抑えれば勝つから」と言われていた。野田は「3点までは取られてもいいから5点以上は取るっていう野球なんですよね」と語る。実際のところ、甲子園の準々決勝までは全試合で5得点以上を挙げ、準決勝では3得点も失点を2に抑えて勝利。そして唯一、どちらの条件もクリアできなかったのが3対6で敗れた松山商戦なのだから、田中の眼力は確かだった。

年間を通して細かいプランを組み、組織的なプレーを徹底して植え付けながら精度を磨いていく。そんな田中の指導はおそらく社会人野球の手法が原点なのだろう。そしてもう1つ、田中が社会人野球の要素を採り入れたと思える部分がある。対戦相手のデータ分析の緻密さだ。

いつも県大会の序盤で負けてしまうようなチームの場合はそもそも試合数が少なくてデータをなかなか集められないが、上位に進出するようなチームであれば直近の大会などの映像やスコアを手に入れるチャンスはある。さらには大会が始まっても「おそらくこのチームが勝ち上がってくる」と当たりをつけておけば、その試合を観戦しながらデータが取れるだろう。「偵察はずいぶん行きましたね」と高波は振り返る。

「田中監督はデータを重視していて、それまでの熊工のデータも対戦相手のデータも、試合の前日には出さないといけない。その仕事は僕らマネージャーが任されていました。だから1学年下にもマネージャーを作って、彼には1〜2年生の面倒を見させる。そして僕、上木、前村の3人のうち1人がチーム全体を回して、残る2人が下級生にも協力してもらいながらデータ班として専念する。そんな流れでやっていました。で、田中監督がすごいのは、スコアなどを何試合分か見ると、この学校はこういう攻め方が多いなとか、傾向をすぐに見抜くんです。それこそ東海に関しては、徹底的にデータを取って傾向を出すことができました」

データ分析の際、田中が特に言っていたのは「打者の特徴は全部つかんでこい」「投手や捕手の癖もつかめ」。そうやって細かく見ているうちに、たとえば打者に対しては「早打ちが多い」「直球に強い」「変化球によく手を出す」といった傾向がだんだん見えてくる。高波らはそんな根拠に基づいて「この打者は早打ちだから初球は様子見でいいんじゃないか」「じっくりと見てくるタイプだから1～2球目はポンポン取りに行ってすぐ追い込んだほうがいい」などとバッテリーに伝えることができた。また配球の傾向も分かるため、カウント球でも決め球でも打線が的を絞りやすい。

だから熊本工は、県大会で完勝を続けた。選手たちもみな「まったく負ける気がしなかった」と口を揃えている。初戦（2回戦）は村山が1安打無失点に抑え、球磨工業に7回コールドの7対0。3回戦も鹿本に8対1の7回コールド勝ちだ。そして文徳との準々決勝では5回コールドの13対3、準決勝は9対4で八代工業を下す。決勝の相手は予想通りの東海大二。初回にいきなり4点を奪うと6回までに11対4とリードを広げ、順調に試合を運んだ。終盤は4回から救援した村山が打ち込まれ、8点リードの9回裏には4点差まで詰められたが、15対11でゲームセット。両チーム合計31安打という乱打戦にはなったが、基本的にはやはり熊本工のペースだった。

スルスルと勝ち上がって4年ぶりの夏の甲子園出場。熊本工は特に打線のつながりが目立っていた。リードオフマンの野田は打率1割台と苦しんだものの、二番・坂田（19打数7安打）、三番・本多（20打数10安打）、四番・西本（14打数8安打）、五番・古閑

（19打数6安打）と中心打者が高打率。そして六番を打つ澤村は1年生ながら初戦でチーム唯一のホームランを放つと、17打数9安打でチーム最多の11打点。本人は「目の前のことに必死でプレーしていた」と振り返るが、もともとチャンスになると「回ってこい」と思える強心臓を持っていた。

その一方で1つだけ、懸念材料があった。大会期間中、園村が体調不良で熱発を繰返していたことだ。野田いわく「グラウンドでは姿を見せず、点滴を打って球場にだけ現れる。そんな感じでしたね」。県大会では3試合に先発したが、いずれも無理はできず中盤のうちに降板。決勝ではなかなかストライクが入らなくなり、園村自ら「代えてください」と田中に申し出た。ただ、その後は休めるのかと思いきやレフトで出場。実は打撃も良く、この試合でも4打数3安打3打点と活躍している。

田中の中で園村の評価は高かった。県大会は村山の全5試合での奮闘によって制したわけだが、興味深いのは甲子園での戦いになると「背番号10」の園村がエース格になったこと。体調が回復したとは言え、なぜ園村だったのか。

実は甲子園に行く直前、野田は監督室に呼ばれてこう言われている。

「甲子園は園村じゃないと勝てないから（先発は）園村で行くよ」

野田は選手起用などに関して、田中と常にやり取りをしていた。それを選手に直接伝えることはないが、なぜ起用するのか、どういう理由でベンチに置いているのかなどはすべて納得できるものだったという。そして園村を軸にすることについて、野田はこう話す。

「村山は良い球を投げるけどオーソドックスな右投げで、全国から強豪が集まる甲子園でそういうタイプは打たれやすい。逆に変則的な投げ方で、なおかつ変化球で組み立てられる投手やボールが自然と動く投手のほうが打たれにくいんですよね。そうなると園村は左投げで、球の回転もキレイではない。そっちのほうが良いと判断したんだと思いますね」

甲子園で強敵に快勝

松山商と同様、熊本工が波に乗ったポイントもまた甲子園の初戦だった。抽選に恵まれて2回戦からの登場となったが、相手の山梨学院大付（現・山梨学院）は当時「優勝を狙える戦力がある」と言われていたチーム。投手陣は140キロ台後半をマークするプロ注目左腕・伊藤彰（元ヤクルト）と旧チームでエースナンバーを背負っていた右腕・大竹一彰。ともに前年夏の甲子園で登板を経験している。そして打線も横田真、大竹、堀内知彦のクリーンアップを中心に破壊力があった。

大会当初、熊本工が掲げていた目標はベスト8だった。まして初戦から強敵とぶつかったため、「決勝まで上がるとは思っていなかった」というのが選手たちの見解。下馬評も山梨学院大付のほうが高く、澤村は「いきなり注目投手と当たってしまって3年生たちも『ヤバいな』と話していた記憶がある」という。

ただ――対策は万全だった。高波が回想する。

「データを取る時間はたっぷりあったので、ビデオを見ながら上木と2人でずっと分析していましたね。熊工ってOBが全国に散らばっていて、協力をお願いすると地方大会の映像やスコアを集めて宿舎に送ってくれるんですよ。これは本当にありがたい。相手打線は中軸が強烈だったので、そこを完全に封じるためにしっかり打者の傾向を出しました。そして伊藤君への対策としては、練習で打撃マシンを1メートル近づけたり、左投げの打撃投手に1・5メートル前から投げさせたり。そうやって、左からの角度と体感スピードに慣れさせていきました」

また、山梨学院大付の監督はかつて調布リトルを率いた名将・鈴木英夫で、伊藤はその流れを汲む調布シニアのOB。つまり境の中学時代のチームメイトであり、投手としてのタイプもしっかりとつかめていた。田中はそうしたデータや実際の印象を踏まえ、伊藤の武器だったスライダーに目を付けた。ナインに授けた作戦は「スライダーは打つな」。見逃せばボール球になることが多いため、2ストライクまではスライダーを完全無視。そうすればカウントを有利にできるからだ。そして「ストライクゾーンに来たときは仕方ない」と割り切った。

試合前、主将の野田がオーダー交換を済ませて帰ってくると、田中はあえて選手たちに聞こえるようにトーンを上げてこう言った。

「おぅ、（野田）謙信！　今日は勝ったな！」

実は伊藤が左肩を痛めており、相手先発は県大会で未登板の大竹だったのだ。田中は続けて「こんなときにこの右ピッチャーが投げてきても、ウチが勝つに決まっとるわ」。野田は「その言葉でみんなの気持ちがパッと晴れた気がするんです」と語る。

結果は12対4の大勝だった。1回表に本多のタイムリー二塁打で幸先よく先制すると、3回裏には追いつかれるも4回から救援してきた伊藤を5回に見事攻略。園村の2点タイムリー、野田の犠飛、西本の適時二塁打、古閑の2ランで一挙6点を奪った。主導権を握った熊本工は終盤も着実に加点。先発の園村は「甲子園の初マウンドだったのでさすがに緊張しましたね。でもひと回りを抑えて、ようやく落ち着いてきた」。8回途中まで4失点で粘り、最後は村山が締めた。

この勝利は熊本工に勢いを与えた。「だいぶ結果が出たので、みんな良い意味での勘違いができたんじゃないかな」とは本多。また強打のイメージに隠れがちではあるが、守備も堅かった。園村が言う。

「守備面は本当に信頼していました。ショートの野田を筆頭に内野は普段からほとんどエラーがなく、外野はみんな足も速くて肩も強い。特に僕は打たせて取るタイプなので、すごく投げやすかったです。そして配球は境が上手く組み立ててくれる。だから僕は野手がリズムをつかめるように、とにかくテンポよく投げることだけ意識していましたね」

大会を通じて、境が出すサインに対してはほとんど首を振らなかったという。決勝で投げ合うことになる新田とは実に対照的だ。境によれば「園村はのらりくらりと言うか、フタを開けてみないと分からない印象でした。ただ球種はストレート、カーブ、スライダーに2年秋から投げ始めたスクリューがある。打者の芯を上手く外そうとは心掛けていましたね」。速球やスライダー、フォークなどで空振りが取れる村山が後ろに控え、「園村が行けるところまで行く。相手が合わせてきたら今度は村山の力でねじ伏せる」というパターンができていたのも強みだった。

そして中3日で迎えた3回戦、園村は6安打1失点で完投する。相手の高松商は最速140キロを超える右腕の神田義英（元ロッテ）、三番打者でマウンドにも上がる溝渕隆夫を中心に投打のバランスが取れている。高波は「浦和学院が上がってくると思っていたら2回戦で高松商が勝ったので、慌ててデータを集めました。ただ何かインパクトがあるというわけではなかったので、選手の特徴さえつかめば大丈夫かなとは思った」という。

5対1で勝利したこの試合では園村ともう1人、キーマンがいた。「二番セカンド」の坂田だ。

坂田は初戦の3回表、二盗を試みた際に相手ショートと激突して脳震盪を起こしていた。高波によれば「ベンチにいるときにボーッとしていて〝心ここにあらず〟だなと思っていた」。そして5回表の打席に入ると死球が顔面に直撃。もともと体の反応が鋭いタイプであり、本来なら上手く避けているはずだった。その後はすぐに退場して病院へ。診断はアゴの打撲で済んだが、大事を取って1日入院している。

このときは途中出場した2年生内野手の小田真寿が見事に代役をこなしたが、坂田の不在は攻守ともバランスを大きく崩してしまう。だから「無事に帰ってきたのは本当に救いだった」（高波）という。その坂田が3回戦では2安打2打点の活躍。守備でもファインプレーを見せている。

高波はこう話す。

「県大会での園村の体調不良、甲子園での坂田のケガ。アクシデントはありましたが、彼らがそのまま欠けていたらおそらく早い段階で負けていたんじゃないかな。結局、全員がちゃんと揃ったから甲子園に行けたし、決勝まで行けたんでしょうね」

そしてこの高松商戦から、熊本工は打順が固定される。県大会決勝や甲子園初戦では代走と守備固めに甘んじていた星子が「八番サード」で4打数2安打。さらに続く準々決勝でも4打数3安打と爆発するのだ。

「試合に出してさえくれれば、活躍できるという自信はありました。何とか『星子を出さないと勝てない』と思ってもらえるようにはしたいなと。僕は配球などを読んで狙い球を絞るタイプじゃなくて、真っすぐを待ちながら来た球に反応していくタイプ。甲子園で対戦したのは良い投手ばかりでしたが、これは打てないなって感じたことはないですね」

打線の形も確立され、熊本工は意気揚々と2日後の準々決勝に臨んだ。

指揮官の巧みな操縦

準々決勝の波佐見戦は、予想のつかないシーソーゲームとなった。試合前のデータ分析によるイメージは「波佐見は初出場で何をしてくるか分からない独特なチーム」。前年秋の九州大会で東海大二が隠し球を2つ食らって敗れたという情報もあり、高波らスタッフは選手たちに「走者になったらリード幅をいつもより半歩抑えてくれ」、そしてベースコーチには「絶対にボールから目を離さないでくれ」と指示を出している。

それでも「小細工に惑わされなければ負けないだろう」という自信はあった。ただ、誤算は守備の乱れ。自慢の内野に3失策が出てしまったこともあり、なかなか本来のリズムに乗れなかったという。また先発の村山も打ち込まれて1回表に1失点、同点の2回表に2失点。追いついた直後の3回表に再び1点を勝ち越され、熊本工ベンチはたまらず園村にスイッチした。その後は7回表までノーヒットに抑えてジワジワとプレッシャーをかけ、その裏に5対4と勝ち越し。だが8回表に2失点。最終的には8回裏に園村と本多のタイムリーで7対6となったが、園村はこう振り返る。

「8回表にポテンヒットで勝ち越されたときは、さすがに負けたかなと思いました。二死からの失点で打たれ方も悪い。流れとしても良くなかったですからね」

ただ一方で、この試合を落とさなかったのは選手たちに大きな勇気も与えた。野田は「それまでで一番しんどい試合。でもやっぱり、やるべきことを徹底したことが最後に功を奏しました。打者は何が何でも出塁する。二塁に送られた走者は絶対にヒット1本で返ってくる。僕らは田中さんに上手く操縦されていたんだなと思いましたね」。また星子は「今思えばあの試合が一番楽しかった印象がある」と言い、園村は「負けそうになってもシーンとならず、その雰囲気を引っくり返せるのが僕らの良さだったのかな」と振り返る。そしてその充実ぶりが、翌日の準決勝ではチームの一体感を生み出した。

準々決勝で勝利した直後、田中は高波らに「もう一度、（準決勝で対戦する）前橋工のデータを集めろ」と指示を出した。そしてスコアを確認しながら試合の映像を見る。田中の見解は「バントが多く、ここぞという場面でスクイズをするチーム」。事実、金沢（石川）との3回戦での先制点はスクイズ。海星（三重）との準々決勝でも2本のスクイズを決めて2対1で勝っている。だからどんなタイミングで仕掛けてくるのか、傾向を分析させた。さらに「サインを見破れ」とも伝え、実際に試合中などは控えメンバーの2人をベンチの両端に配置。味方へ向けて声を出しているように見せかけながら、相手の監督や三塁ベースコーチの動きなどに視線を注がせた。そして——見事にサインを見破った。

大きなきっかけがある。実は試合前夜、テレビ番組の試合映像の中で前橋工がスクイズを仕掛けるシーンが流された。その際に監督の様子も映っており、ミーティングでは「この動きがスクイズのサインなのではないか」という仮説を立てていたのだ。したがって準決勝当日、田中は〝見破り役〟の2人に「相手ベンチで何か通常と違う動きがあったら教えてくれ」と言っている。

変化があったのは0対0で迎えた2回裏だ。無死満塁の場面で前橋工の七番・大須賀允（元巨人ほか）が1ボール2ストライクから3バントスクイズを試みる。このときはまだ確証がないため、ベンチ内では選手たちが田中に「（スクイズ）あるかもしれません」と伝えるだけにとどまっていた。ただグラウンド上の選手たちも理解はしており、しかも先発の園村はフィールディングも良く「スクイズが来た」と思った瞬間にパッとボール球で外せる器用さもある。心の準備は整っていた。投球は外角高めのストライクゾーン付近になったが、転がった打球を園村がすぐさま処理して本塁封殺。これで熊本工は相手のスクイズのサインに確信を抱いた。

一死二・三塁となり、続く八番・松島敏文の打席。前橋工はここでも1ボール2ストライクから3バントスクイズを仕掛けるが、今度は熊本工ベンチから「外せ」のサインが出ていた。園村が投じた低めのボール球を打者が空振りし、三塁走者もタッチアウト。ピンチを完璧に凌いだ。

そして〝スクイズ外し〟はもう1度ある。6回裏の一死三塁で大須賀が仕掛けたが、こちらは完全にウエスト。またも三塁走者をアウトにした。この試合のスコアは3対2。しかも熊本工打線は好左腕・斎藤義典（近鉄からドラフト指名）に抑え込まれ、わずか3安打しか打てていない。その3本を集中させた4回表に3得点を挙げ、その後は園村が何とか食い止めていた形だ。一方の前橋工は計8安打。おそらく3つのうち1つでもスクイズを決めていれば、勝利は前橋工に大きく傾いていた可能性が高い。

熊本工の選手たちは、野球の駆け引きの妙を実感していたという。
「ここぞという場面で相手の流れを止められたなという感覚はありましたね。スクイズを外せたときはチーム全体で『よしっ！』という空気になりましたから」（園村）
「守りながら『スクイズが来たな』って、みんな目を合わせてニヤッと笑っていました」（野田）
「スクイズが決まっていれば3対5で負けていた試合。間違いなくそこを防いだのが勝因ですよ」（星子）
「選手とベンチが一緒に野球をやっていた感じがして、すごく心強かったのを覚えています」（境）
「サインを見破っていなかったらおそらく負けている。運も味方してくれましたよね」（本多）
松山商と同じく、熊本工もやはり試合を戦うごとに野球の精度を高め、チームの結束力を高めていた感がある。「もともと個性派揃いでワガママが多かった世代。秋はそれが出ていたと思う。でもやっぱり勝つことをきっかけにして自然とまとまり、負ける気はしなくなりますよね」とは星子の言葉だ。そして目標だったベスト8を越え、59年ぶりの決勝進出。

「ここまで来たら優勝しようぜ」

選手たちはそんな言葉を交わしながら、大一番へと向かっていった。

第四章

伝説の試合（前編）

決戦の前に

甲子園の決勝戦というのは、経験したものにしか分からない格別の味があるという。たとえば本多いわく「朝から球場に行って打撃練習ができるので、雰囲気は違いますよね。途中から観客も入ってきて、いい当たりが出るとワーッと拍手が飛んでくる。あれは本当に気持ち良かったですし、2チームしか経験できないこと。試合中は別に決勝を戦っているという実感もないんですが、全高校球児の中で最後まで試合ができるっていう喜びは感じていました」。また星子は「今日のお客さんはこの1試合だけを見に来るんだよなっていう感覚はあった」と言う。1996年夏の決勝は観客動員数が4万8000人。大舞台で戦う選手たちはよく「アドレナリンが出る」などと表現するが、特に高校生であれば活発に細胞も反応していくものなのだろう。

ただ、そんな中でもできるだけ平常心に近づけ、ブレずに普段通りの力を出せるのが本物の強さでもある。松山商と熊本工は、どちらかと言えばそういうタイプのチームだった。

決戦前夜、松山商の澤田は86年夏の準優勝を思い返していた。

「あのときはね、やっとここまで辿り着いたなと思って寝床に就いて目を閉じるんですが、何度も何度も頭に優勝旗がチラついていたんですよ（苦笑）。窪田監督もそうだったようで、そのたびに『いかん、いかん』と思いながら夜を過ごして……。結局は初めての決勝戦だったので、平常心を保てなかったと思うんですよね。そういう反省もあって、選手たちには『あと1試合で終わり』とか『いよいよ決勝だ』なんて言わず、いつも通りに接して、単なる1つの試合なんだと思える方向に持っていったんですよね」

澤田は大会期間中、試合前には常に同じ言葉を掛けていたという。

「いつも通りの野球をしなさい」

「戦うのは対戦相手じゃない。この1つのボールと戦うんや」

星加が振り返る。

「いつも宿舎で集まって澤田監督の話を聞いてから球場に行くんですけど、決勝だから良い話でもするのかなと思っていたら、結局いつもと同じことだった。ちょっと拍子抜けしたんですが（笑）、だから僕らも平常心で臨めたのかなと」
起床から就寝まで、ほぼ同じリズムで淡々と過ごした。何も変えないこと、あえて動かないことが大事。強豪校の名将というのはその奥深さを経験則によって知っている。
そして、熊本工の田中もまた同じだった。こちらも選手の証言。
「基本的には普段通りなんですよ。決勝戦だからどうだとか、そういうものは何も言わない。普段通りの生活をして、普段通りに球場へ行き、普段通りに野球をやるっていうスタンスですね」（野田）
「今までやってきたものを出していこうとか、悔いのないように行きなさいとか。特に細かく指示をするわけではなく、僕らを和ませて力を発揮させることに専念していた印象です」（境）
ただし、データ分析は苦戦したという。「日程が詰まっていて時間がないので十分にデータを集めることができない。それまでで一番難しかった」と高波。したがって松山商の甲子園での戦いをチェックしながら、打線では「クリーンアップに注意。特に主砲の今井は警戒しながら攻める」という結論。投手陣の新田と渡部からはある程度の得点が期待できると考えた。

一方で、松山商は熊本工をどう捉えていたのか。石丸によると「まず打線が強力な印象ですね。投手も右の村山君は速球に力があって、左の園村君も軟投派っぽく見えるけど真っすぐの質が良い。気合いを入れてやらないとダメだなと思った」という。また松山商は左投手がおらず、投手有利と言われる「左対左」の状況は作れない。その中で本多と西本の三・四番、当たっている星子や園村といった左打者をどう抑えるか。ここも1つのポイントと考えていた。実際に本多と星子は「奇跡のバックホーム」の一連の流れにも大きく絡むわけで、その見解は間違っていなかったことになる。

ちなみにこれはオカルト的な話だが大会前、松山商が甲子園練習を終えたときにこんなことがあった。

「石丸のユニフォームが汗と土で黒くなっていたんですね。そこで誰かがふと『熊工のユニフォームの色みたいやな』って。そんなことまったく忘れていたんですけど、決勝の相手が偶然にも熊工だったので、縁ってすごいなと思いましたね（苦笑）」（星加）

本題に戻ろう。

決勝は好ゲームが期待されたが、両チームともに疲労はピークだった。特に主戦で投げていた松山商・新田は3回戦から4連投、2回戦も含めると6日間で5戦目。熊本工・園村も準々決勝から3連投で、3回戦を含めて5日間で4戦目となる。ここで当時の過密日程や投球数による負担の問題などを論じるつもりは毛頭ないが、ともかく決勝でも先発を任された2人は「背番号10」ながらエースの風格を醸し出し、お互いに意地と覚悟を持って投げ合っていた。

では、具体的にはどんな状態だったのか。新田が語る。

「準決勝は渡部さんが先発だったので決勝は自分だろうと思っていたし、当然投げる気でいましたよ。ただ当日の朝起きたら、肩もヒジも痛くて布団から起き上がれなかった(笑)。全身が筋肉痛で顔も洗えないくらいで。マッサージをしてくれる先生が帯同してくれていたので朝も体をほぐしてもらって、体を温めたり、試合前のアップをしたりしてようやく、何とか投げられるかなぁっていう状態。我ながら、よく投げていたと思いますよね」

そして、園村。

「決勝は緊張感よりも疲れが勝っていましたね（笑）。朝起きて肩も上がらない状態だったので、とにかく周りの応援の後押しや気力だけで投げていた感じ。マッサージをしてもらって何とか投げられるところまで持っていけましたが、ブルペンでも思い通りにコントロールできないので『ヤバいなぁ』と思っていました」

もちろん、野手にも疲労は蓄積していた。

松山商サイドでは「1試合ずつの緊張とプレッシャーが大きくて精神的にもやられていた。『ようやく決勝や、早く終わってくれ』という感じでしたね」と今井。熊本工サイドも星子が「基本的に試合後は熱中症みたいな感じで頭が痛くて体が重いんです。宿舎ではそんな記憶しかなかった」と話す。境などは痛めている右肩の状態が悪く「まったく余裕がなくて、たしか決勝は肩に針を入れたまま試合に出ていました」。もちろん長期の遠征だからみな体重も減り、体のキレも少しずつ落ちていた。

そんな環境下だからこそ、大きなカギを握るのはやはり「いかに先制点を取って精神的優位に試合を運べるか」。また守備面では「いかに先頭打者を抑えて相手にチャンスを作らせないか」。したがって、先攻を取って先手必勝で逃げ切るという澤田のプランはある意味、合理的だったと言えるだろう。

そして、実は熊本工側では野田がこんな見解を抱いている。

「甲子園でもウチが負ける要素がないと感じていたんですが、唯一負けるかもしれないなという発想が出てきたのは、実は決勝のジャンケンで負けたときなんです。それまで僕は『パーしか出さない』というポリシーでやってきて、熊本県大会の初戦から9連勝だった。で、相手のチームカラーに合わせて先攻を取ることもありましたが、田中さんの考え方として基本的に『勝ったら後攻だよ』と言われてきました。それが松山商戦で初めて負けて……。結果的には後攻になったので良かったとは思うんですけど、後になって考えれば園村の疲労はＭＡＸ。もしかしたら先攻のほうが良かったのかもしれないって思っているんです」

もし野田がジャンケンで勝っていたら、田中はいったいどちらを選択していたのだろうか。答えを知る由もないが、そうした些細な「たらればで局面が大きく変わるほど、「松山商対熊本工」は微妙な駆け引きに何度も揺れた試合だった。

ペースを握った松山商

8月21日。13時ちょうどに〝伝説の試合〟は幕を開けた。

1回表。熊本工の先発・園村は疲労を抱えながらの立ち上がり。松山商は先頭の吉見がセーフティーバントを仕掛けるも三ゴロに終わったが、続く星加がレフト前ヒットで出塁し、今井の打席を迎える。警戒する今井への攻め方は「内角に投げて体を起こしてから外の変化球で勝負か、もしくは内角ストレートでそのまま詰まらせるプランだった」（境）。だが園村のカーブは抑えが利かず、2ストライクから外角を狙ったはずが内角寄りの甘いゾーンへ。ライト前へ運ばれて一死一・二塁。「ここから一気に感覚がおかしくなった」と園村は振り返る。

続く渡部。甲子園では1回戦から2戦連続でアーチを放っている。ただ3回戦以降は4の0、5の1、4の0。今井の復調とちょうど入れ替わるようにして不振に喘いでいた。

実は渡部自身も予兆を感じていたのだという。

「僕の打撃って、ホームランが出始めるとピークが終わってしまうんですよ。おそらく、無意識のうちに大きい当たりを打とうってなっていたんでしょうね。もちろん練習ではイメージ通りのスイングに修正するんですけど、試合になるとやっぱり少し大振りになる。だから決勝の1打席目は、何とか食らいついて次につなごうと思っていました」

思えば県大会では、18打数12安打と結果を残しながらも打点はわずか1だった。これは直前を打つ今井に四球や単打が多く、走者一塁で打席を迎えるケースが続いたから。しかし、そこでも無理に長打を狙うことなくきっちりとつないできたのだ。そして次打者の石丸がチームトップの12打点を挙げており、「前後にいい打者がいるから、つなげば何とかなるっていう想いで楽に打てていたんですよね」。その感覚をもう一度思い出し、園村の外角球に食らいついた。打球はライト線にポトリと落ちて先制の適時二塁打。これで試合は「松山商が優位」となった。

一死二・三塁で五番の石丸は一ゴロ。三塁走者が本塁でアウトになった。だが園村はまだコントロールが定まらない。そして六番・向井、七番・久米、八番・新田にまさかの3連続四球。二死満塁からの押し出し2つでいきなり3失点を喫した。松山商からすれば願ってもない得点。ともすると「このままワンサイドゲームになってしまうのか」という感覚さえよぎった。

この回、熊本工のブルペンでは早くも村山がリリーフに備えて投球練習を開始している。思い返せば園村が田中に言われていたのは「3点までやる」。と言うことは、次の九番・深堀の打席でも失点を許していたらおそらく投手交代。つまり、その後の試合展開もまったく違うものになっていたかもしれない。

園村は「あと1点取られたら代えられると思って必死でしたね」と話す。結局、ここでは深堀を空振り三振に抑えた。その後は「もう気力ですよね。初回の失点だったし、このまま3点以内に抑えていればチャンスはまだあるのかなと。気持ちを切り替えて投げていました」。そして2回から10回までは、連打も浴びることなく無失点。この粘りこそが熊本工の反撃を支えた。

1回裏、熊本工は新田の前に三者凡退だった。第1章で説明した投球フォームの特徴もあり、先頭打者だった野田は「スピードは速くないけど打てそうで打てない。タイミングが合わせにくくて、みんなちょっとだけずらされている感じがあった」と言う。ただ、新田にもまた微妙な違和感があった。

「初回の3点で楽にはなったはずなんですけど、マウンドに立って初球がボール球だったんですよ。そうしたら向こう（熊本工の一塁側アルプススタンド）のほうから地鳴りのような歓声が来て、1球ボール球を投げただけでこんなになるのかと。で、2球目がストライクだったんですけど、今度は松山商側がワーッと沸いた。今までの試合と違う異様な空気というか、本当にビックリしましたね。そして何よりも体を動かすのがやっとの状況で……。痛みなどは自然と忘れていましたが、とにかく初回からいっぱいいっぱいでした」

そして2回表を園村が三者凡退で斬るとその裏、熊本工にチャンスが訪れた。一死後に古閑がレフト前にクリーンヒット、澤村の痛烈な一ゴロを今井が弾いて走者一・二塁（記録はエラー）となり、打席には七番の境。2ボール2ストライクから新田が投げたスライダーは高めに甘く入り、センター前へのタイムリーとなる。1点を返したことで熊本工のやや重苦しいムードは一気に晴れた。

早い段階で点を取れていなかったら……。次の1点が松山商に入っていたら……。この「たられば」もおそらく、松山商ペースに拍車をかけていただろう。澤村が「ここで1点取ってからは全体的に落ち着いて戦えるようになった」と言えば、本多も「大量失点で負けそうな雰囲気の中での得点は大きかった。先に松山商に取られていたらズルズル離されていたかもしれません」。2回を終わって1対3ならまだ勝負は分からない。

……と、熊本工の見事な攻撃だったこの場面だが、実は松山商の守備の緻密さが垣間見られた瞬間でもあった。

一死一・二塁からのセンター前ヒットであれば普通、バックホームの中継にはファーストがマウンド付近へ移動して入るもの。ところが松山商の中継のラインに入っていたのは、ショートの深堀とセカンドの吉見だった。そして、二塁ベースの真横に位置する深堀がカットして本塁へ転送。間に合わずセーフにはなったものの、一塁走者は早々に二塁ベースで釘付けにしている。

深堀が説明する。

「センターの久米さんの捕球位置や肩の強さを考えたとき、あの当たりだとショートが

熊本工の背番号10の左腕・園村は1回に2つの押し出しなどで3失点も、2回以降は見事に立ち直った

松山商の背番号10の2年生・新田は、決勝までの疲労と見えない重圧と戦いながら決勝戦の先発マウンドに上がった

パッとカットしたほうが本塁へ早く到達させせられるんです。僕らは常にそうやって距離と時間を測って動いていた。決勝でも、みんながそういうプレーをできたと思います」

こうした抜かりのなさが松山商にはあった。熊本工のチャンスはまだ続いたが、次打者の八番・星子は二ゴロ。吉見・深堀・今井とスキのない連係で4・6・3のゲッツーにまとめた。

そして――ここから試合は膠着する。星加いわく「本当に淡々と進んでいって、決勝なのに全然面白くない試合やなという感じ（笑）」。走者の出し方などを見ると、松山商がまだペースを握っていた感はあった。3回表は先頭の渡部が四球で出塁して石丸の犠打で一死二塁。4回表は2四球で一死一・二塁（その後、二死二・三塁）。5回表はまたも渡部の出塁（内野安打）と石丸の犠打で一死二塁。だが、チャンスをことごとく生かせなかった。

6回表に入っても松山商のチャンスは続き、先頭の新田が二塁打を放って無死二塁。しかし続く深堀が犠打を試みるも2球失敗すると、ヒッティングに切り替えて二ゴロも新田は先へ進めず。熊本工も「けん制を続けてからのバントシフト」を仕掛けており、組織的な守備できっちりとプレッシャーを与えてきた。7回表と8回表、松山商はついに三者凡退。選手たちも「得点がピタッと止まったので嫌な予感はしていた」（今井）、「中押しができないことがボディーブローのように少しずつ効いていた」（石丸）という。

それでも、松山商の守備はやはり鉄壁だ。新田は3回裏、6回裏、7回裏と三者凡退。6回には本多が放った痛烈なピッチャーライナーを好捕した。4回裏は二死から走者2人を出すも、境をレフトフライに抑える。5回裏には先頭の星子に右中間二塁打を浴びるが、センターの久米が快足を飛ばしてクッションボールをすばやく処理。カットマンの吉見も上手くつなぎ、星子を三塁で封殺。相手に流れは渡さなかった。

ここでの中継プレーもまた松山商の真骨頂である。久米や吉見の動きにいっさいの無駄がなく、ショート深堀も「トレーラー」できっちりとラインへ。要所でこうした守備を難なくできるのは、もちろん「日頃の練習の成果」（久米）だろう。さらに星子は、その守備の細かさについてこう指摘する。

「一見すると分からないんですが、最後はサードに足でブロックもされているんですよね。上手いなと思いました」

サード星加に確認すると「いや、あれはたまたまなんです。送球が高かったのでジャンプして捕ったら、降りてきたところにちょうど足が飛んできてブロックする形になった」と苦笑した。ただ、「ああいうケースでどう動けばいいかというのも、野球ノートには細かく書かれている。普段からそれを徹底できていたからアウトにできたんですよね」とも。

その後、熊本工は8回と9回で同点に追いつき延長戦に持ち込むわけだが、野田いわく「とにかく走者が出ないことにはウチの野球ができない。7回まで先頭打者が出られなかったことはすごく苦しかったんですよね」。5回に星子がもし三塁でセーフになっていたら、おそらく反撃はもっと早い段階で始まっていただろう。チャンスの芽を摘んだ中継プレーは、逆に走塁を武器とする熊本工へのボディーブローにもなっていた。

反撃を見せる熊本工

8回裏、ジッと耐え忍んでチャンスを待っていた熊本工の攻撃。ついに試合は動いた。まずは星子のレフト前ヒットで待望の先頭打者が出塁。1打席目は甘い球を引っかけた形の二ゴロ併殺、2打席目は先述の右中間二塁打といずれも右方向へ引っ張っていたが、「2打席目は手応えがあって、本来ならホームランになっているはずなんですよね。でも風で戻されたので、引きつけて逆方向へ打ったほうが確率は高いなと」。試合の中で上手く修正して迎えた第3打席だった。

続く九番・園村が初球できっちり送りバントを決めて一死二塁となる。2点ビハインドで相手にあっさりアウトカウントを与えるのはもったいない気もするが、試合の流れを考えると絶対に得点したい場面。むしろ「ここで確実に1点を取って1点差で9回裏を迎えれば、一気に引っくり返せるという自信があったんじゃないですかね」と、高波は指揮官の思考を推し量る。

打順はトップに戻って野田だ。3ボール1ストライクから外のスライダーが外れて四球。ここで、松山商に痛恨のミスが起こる。

「四球と同時に僕のパスボールで二塁走者を三塁に進めてしまったんですよね。映像で見ても目をパッと切ってしまっているので、焦っていたんだと思います。バッテリーのエラーは失点に直結すると言われますが、それが出てしまって嫌な展開だなぁと……」(石丸)

案の定、一死一・三塁で二番・坂田がセンターへ犠牲フライを放って熊本工が1点。スコアは2対3となった。走者を三塁へ進めていなければ防げた失点であり、石丸は「最後のボディーブローを食らった感じだった」という。

ただ、その後は松山商の守備がまたしても光った。三番の本多が放った強烈なライナーをファースト今井がダイビングキャッチ。「ここは打っておかなきゃいけない場面だったんです」と本多は振り返る。

「二死一塁で走者も良いスタートを切れますし、あれが抜けていればライト線に転がってもう1点取れたかもしれない。球種はおそらくスライダー。芯の近くで捉えてはいるんだけど、右方向へ引っ張りすぎてちょっとだけ泳がされた。高校生活最後の打席になるかもしれないと思って最大の集中力で臨んだので、本当に悔しかったですね」

たしかにここで一気に同点となっていれば、もはや9回裏は熊本工のサヨナラ勝ちムードだったのかもしれない。まだ完全には流れを渡していない。この回もやはり、松山商は最後に意地を見せていた。

野球の神様は実に気まぐれだ。9回表、今度は松山商に大きなチャンスが訪れる。先頭の深堀がカウント1－1からレフトへ放ったフライはポールの外へわずかに逸れて「あわやホームラン」の大ファウルとなるが、次の球をセンター前へ。さらにダイビングしたセンター西本がボールを拾う間に二塁を陥れた。その後、吉見がバントシフトを見事に掻い潜る犠打を決めて一死三塁。1点を追加できれば、熊本工に決定的なダメージを与えられる。

ここで打席に入った星加は、実はバント失敗が多い選手でもあった。三走の深堀の頭には当然スクイズも浮かんでいたが、出たサインは「打て」。星加か次打者の今井か、2人のどちらかでヒットが1本出る。澤田はそう信じた。

だが、熊本工バッテリーにも「ここだけは絶対に抑える」という気迫があった。星加は初球を打って遊ゴロ。今井もファウルを重ねて粘ったが、最後は一ゴロに打ち取られた。

今井はこのとき、どこかしっくりいかない感覚を抱いたという。

「僕ね、小学校でも中学校でも最終打席はちゃんと打って終わっているんですよ。特に中学時代は最後にホームランを打って全国優勝。だから最後にチャンスで凡退して終わるのは変な感じやなと。1点リードしているので決してムードが悪いわけじゃないんだけど、本当にこのまま終わるのかなって、ちょっと嫌な予感もあったんですよね」

そんな心配とは裏腹に9回裏、松山商は淡々とアウトを重ねた。

新田はこの試合、朦朧《もうろう》としていたために細かい経過まではあまり覚えておらず、「後になって映像で見て知ることも多いんですよね」という。余裕などまったくなく、優勝が懸かっているという意識もない。ただひたすら試合終了へ向けて「あと何イニング」「あと何人」と、1つずつカウントダウンをしながら投げ続けていた。そして9回裏は「この回を抑えればやっと終われる」。そんな心境で打者と対峙していた。

高校野球の最終回、特に甲子園の場合は得てして異様な雰囲気になるものだ。1球ごとに球場内の一喜一憂が大歓声となって表れる。先頭打者は四番の西本。ボール球が先行するも何とかフルカウントまで持っていき、真ん中から内角低めに外れたかと思われたカーブが見逃しストライク。新田も一瞬、「マズい！　四球だ！」と思ったこともあり、三振の判定が下されると思わず両手を天に向かって突き上げた。

一死走者なし。ここで熊本工は古閑に対して2年生の代打・松村晃を送る。しかし新田はポンポンと投げ込み、最後はストレートが高めに抜けながらも空振り三振。そしてガッツポーズを見せた。

ちなみに松村の起用については、高波がこんな疑問を抱いている。

「古閑は初戦でホームランも打っているし、この日も調子が悪いわけじゃなかった。だから代打を出したのが不思議で、まだ勝負は終わりじゃないのにっていう感覚だったたんですよね。まぁ新田君が右投げで、田中監督は左打者をぶつけたかったんだと思いますが……」

実はもう1つ、考えられる根拠がある。

甲子園出場が決まって登録メンバー16名（現在は18名）を選ぶ際、田中は県大会でベンチ入りした18名から2名を減らす作業で頭を悩ませていた。あるタイミングで、高波は田中からメモを渡される。そこには数人の選手の名前が並び、「(最後の1人となる)16番目に入れるのは誰がいいか」と書いてあった。

そんな重大な決定をできるわけがない。そう思ったが、高波は意を決してチームの勝利のために必要な1人を選択して○印をつけた。それが松村だった。

もしかしたら高波の意見だけではないのかもしれない。が、田中はすべてにおいて上から指示を出すのではなく、ときに選手やマネージャーに対して「ここはお前らに任せた」と融通を利かせる一面もあった。松村の代打起用はおそらく、チームメイトからの想いや信頼度を踏まえての決断でもあったのだろう。

さて、二死を取って「優勝まであと一人」に迫った新田。しかし「どこか変な感覚はあった」と言う。

「三振を取るタイプじゃないのになぜか連続三振になるし、普段はガッツポーズなんかしないのになぜか抑えるたびにガッツポーズをしていて……。たまたま二死まで行ったけど、コントロールも利かなくなっていました」

その一方で熊本工ナインも「さすがにもう厳しいかな」（園村）、「いや、まだ終わらない。1点差だから追いつけるはずだ」（星子）とさまざまな感情に揺れていた。野田が当時の状況を冷静に振り返る。

「8回にようやく先頭打者が出て2点目が取れたものの、やっぱりウチは大会全体を通してもバットを振れていないんですよ。決勝戦まで戦ったチームとしては打率（全5試合でチーム打率・256）も低い。だから、どこかしらでミラクルが起こらないと同点には追いつけなかったと思う。そんな雰囲気は肌で感じていました。で、9回二死の時点ではもうみんなある程度の負けは覚悟しているので、ベンチからは『ホームラン打て！』って声も出ているんですよね」

そんな土壇場で右打席に入ったのが「六番レフト」の1年生・澤村だった。

そして――まさかの「奇跡」が起こる。

奇跡の同点ホームラン

テレビ中継では松山商の27年ぶりの優勝をお膳立てするかのように、主将の今井やベンチで見守る控え選手の様子などが映し出されていた。あと一人……。球場内のボルテージも一気に上がり、ムードは完全に松山商。おそらく、ほとんどの人が直後に歓喜の瞬間が訪れると確信していたことだろう。

ただし、熊本工も完全に諦めたわけではない。ベンチ内でスコアをつけていた高波も、スタンドで見守っていた上木も、また選手たちも「澤村で終わることはないだろうな」と感じていた。練習試合でも県大会でもチャンスにめっぽう強く、勝負のかかった場面で凡退するイメージは浮かばない。だからネクストバッターズサークルで待つ境は、「何かしらの形で出塁して自分に回ってくるんだろうな」と心の準備をしていた。

本多はちょうど打席に入る前の澤村を見ていた。

「アイツ、あの場面で笑っていたんですよ。余裕があったかどうかは分からないけど、僕にはそう見えた。すごいヤツだなと思いましたね」

ならば、当の本人はどういう心境だったのか。

「僕は1年生ですし、最初は誰か先輩が代打で出るだろうと思っていたんですが、田中監督や野田さんが『思い切って行け！』と言ってくれて、自分がそのまま打席に立つんだなと。緊張感はなかったですね。ただそれまで連続三振で来ていたので、三振だけはしたくなかった。せっかく甲子園に来て、最後に走らずに終わるのは嫌だとも思ったし、悔いだけは残したくないとか、とにかく短い間にいろんなことを考えました。で、せっかくの打席なんだから結果を欲しがって当てに行くより、しっかり振り切りたい。それができる球は何か……ストレートしかない。じゃあ初球から、振れる範囲のところにストレートが来たらとにかくしっかり振っていこう。そう思っていただけなんですよね」

澤村は甲子園でもがいていた。初戦こそ2安打を放ったが、3回戦と準々決勝はノーヒット。調子も決して悪くないだけに「結果が出ないことが悔しかった」という。

ただ、そんなタイミングで田中から助言を受ける。

「ボールを選びすぎているんじゃないのか？　テレビで試合を見ていたＯＢからもそう

言われているぞ」

これがストーンと心に落ちた。現に結果を欲しがるあまり、慎重になりすぎて手が出せない自分がいたのだ。準決勝では「どんな球でも積極的に振ろう」と心掛けると、貴重な2点タイムリーで決勝点を叩き出す活躍。決勝では一ゴロ失策、遊撃内野安打、遊ゴロとすべて内野ゴロになってはいたものの、球筋はしっかり見えていて感触も悪くなかった。

その一方で、松山商も十分に警戒はしていた。今井は「二死でもまだ分からんぞ」と危機感を募らせ、もう一度チームの雰囲気を締めようと周りに声を掛けている。渡部はライトのポジションから「ボールでいいから外の変化球！」「絶対にボール球から入れ！」と必死に叫んだ。その声は周囲の大歓声にかき消されてしまったのだが、もちろんバッテリーも慎重に攻めなければならないことは分かっていた。

そもそもセオリーとしては1人目と2人目をポンポンと順調に打ち取ったとき、3人目の初球はボール球。そのままの勢いで行くのではなく、「必ずひと呼吸置いてから組み立てろ」と常々言われてきた。特に新田の失敗パターンとしても、二死からリズムを崩してしまうことはよくあった。だから実際に9回二死となった直後、内野手はマウンドへ行って新田に声を掛けながら間合いを取っている。ベンチからも「ボール球だぞ」と確認のサインが出て、新田は「分かっています」と返した。そしてバッテリーでサインの交換に入る。

石丸はまず新田の得意球であるスライダーを要求した。もちろん「外角のボール球」。最もコントロールが良い球種であり、絶対に大きな事故にはならないという判断だ。ところが新田は首を振る。もともと疲労がある上、終盤にはもうボールの回転が抜け始めていたのだ。次は「わざとボール球にするカーブ」のサインだったが、これは今までにないパターンだからやはり却下。心身とも限界に来ている新田からすれば、抜ける可能性がある変化球は1球でも無駄に投げたくないという心境だった。「ここでタイムを取っていったん間を空ければ良かった」と石丸は反省する。しかし実際は「じゃあ外角ストレートのボール球で行こう」とあっさり決断した。なかなかサインが噛み合わなかったこともあり、「心のどこかではおそらく焦りもあったのかな」（石丸）という。

とは言え、当時の新田の状態を考えれば一番確率の高い球ではある。「普通に投げたら抜けて真ん中付近に入ってしまいそうだったので、外角のボール球というのをより強く意識してちょっと引っ掛け気味に投げようと思った」と新田。そして、強く腕を振りながら投じた初球――。

澤村が鋭く振り抜くと打球は強烈なライナーとなり、浜風の後押しも受けてそのままレフトスタンドへ突き刺さった。9回二死からの劇的な同点ホームラン。決勝の舞台で、それも1年生が成し遂げるというのは甲子園史上に残るスーパープレーであり、野田が期待した〝ミラクル〟でもあった。

甲子園は揺れた。それまで苦しいムードだった熊本工ベンチと一塁側スタンドは、息を吹き返したように一気に沸き上がる。逆に三塁側スタンドからは大きな悲鳴。また当時、同じく〝伝説の試合〟として語られる69年夏の松山商の優勝投手・井上明が新聞記者としてちょうど取材観戦していたこともあり、おそらく報道陣の多くが松山商の優勝を思い描いていたのだろう。記者席を中心とするバックネット裏でも大きな落胆の声が

９回裏二死走者なし。２対３と絶対絶命のピンチで熊本工六番の１年生・澤村は、初球のストレートをたたくと打球はスタンドイン。同点ソロとなり一塁ベース付近でガッツポーズを見せた

聞かれたという。

澤村はホームインすると両手でグッと拳を握って雄叫びを上げ、ベンチから出てきた星子や西本と抱き合った。そして数々のハイタッチや握手。「あれ以上の興奮ってなかなかないですよね」と振り返る。

「とにかくファーストストライクは振ると決めていて、芯に当たれば何かあるだろうなと。で、打球がライナー性だったので『よし、ヒットにはなる』と思って走っていたらそのままスタンドに入って。嬉しかったですねぇ……。その後はあんまり覚えていないんですけど、映像を見たら結構飛び跳ねていましたね（笑）。あと、実は熊工ってガッツポーズ禁止だったんですよ。でもベースを回っているときも本塁を踏んだ後もしっかりガッツポーズ。相手への配慮とか、感情を出さずにプレーするとかそういう意味合いだと思いますが、完全に忘れていて、後で先輩に指摘されました（苦笑）」

逆に言えば、それだけ自然に感情が爆発したということなのだろう。ベンチ内でも両手を挙げて喜ぶ者はおり、澤村がベンチに入っても熱気は収まらなかった。

そして、対照的にガックリ来たのは松山商だ。

打たれた瞬間、新田は思わずその場でヒザから崩れ落ちてしまった。まだ同点だから、決して負けたわけではなかった。だがギリギリの状態からスタートして「あと何イニング」「あと何人」と、やっとの思いでアウトを積み重ねてきたのだ。あと一人でようやく解放だ……。そう思ったところでの同点アーチには、心が折れるのも無理はない。

「（右打者の）外を目掛けて投げたはずが、グワーッとシュートしてやや内角寄りの真ん中高めに向かっていった。作り話だと思われるかもしれないけど、コントロールが乱れたとかじゃなくて、バットを振るところにボールが吸い込まれていった感覚なんです。僕からすると、なんでそっちに引っ張られるのって（苦笑）。ボールを投げて半分くらいのところで『あっ……』と思って、もうタイミングが合っているのは分かるので、打たれた瞬間はすぐに振り返ったら打球はレフトスタンドへ。『嘘ぉ……』と思って、知らないうちに正座していました」

試合後の取材で、新田は「マウンドでうずくまっていたときはどういう心境でしたか」と質問を受けている。だが、実は「まったく覚えていない」というのが本音。「ホームランまでは覚えているけど、そこから先は記憶がないんです。気付いたらベンチに帰ってきていて、控えの同級生に『次の打者はどうやって抑えたの？』って確認したくらいですからね」と苦笑する。記者からの問いで初めて自身の様子を知り、後で試合の映像を見て「うわっ、恥ずかしいな……」と感じたのだという。

新田ほど分かりやすくはなかったが、石丸も大きなショックを受けていた。ボールが左側へ抜けてきて「あっ、マズい！」と思ったのは覚えている。打球を見たときは良い角度でレフトポールの右側へ向かっていったので「やっちゃった……」。そこからは頭の中が真っ白になり、生きた心地がしなかったという。

石丸は「あらためて映像を見返してみると、自分の構え方も悪かったと思うんです」と回顧する。

「サインは間違いなく外のボール球です。ただ当時、絶対にボール球を投げさせるときの基準として、僕は左打席の白いラインよりも外側に構えるようにしていたはずなんです。でも実際は左打席のライン上か、何なら本塁ベースの少し横くらいに構えている。ちょっとミスしたらうっかりストライクゾーンに入ってしまいそうなところで、構えたコースが甘かったんですよね。もっとハッキリと外せるように構えておけば、そんなに甘いゾーンには行かなかったかもしれない。投げた新田を責められないですね」

ちなみに後年、澤村は新田と再会したときに「僕はとにかくストレートを振ろうとしか思っていなかった。初球が変化球だったら見逃していましたよ」と話している。それを聞いた新田は「なんでスライダーを投げなかったんだって。石丸さんの言う通りにしていれば良かったなって思いましたよ」。気持ちを割り切って積極的に振っていった澤村。自身の状態を考慮しながら必死に投げていた新田。その気持ちを尊重しながらもやや焦りがあった石丸。誰か1人がちょっとだけでもボタンを掛け違えていたら、「奇跡の同点弾」は生まれなかったのだろう。

ほんのわずかな心理状態を見逃さない〝野球の神様〟のいたずら。その場にいた誰もが「1球の大切さ」「1球の怖さ」を感じたに違いない。

松山商の真骨頂

澤村の一発は、松山商に大きなダメージを与えた。バッテリーはもちろんだが、サードの星加も打たれた直後にレフト方向を振り返り、腰が抜けたようにその場で座り込んでいる。レフトの向井は「打った瞬間にホームランだと思った」。だから「ファウルであってくれ」と願いながらも、打球を追うのは数歩で諦めたという。嫌な予感を抱いていた今井も「少なからず動揺はあった」と言い、渡部も「やっぱりこうなるのか……」。優勝が目前に迫っていたわけだから、みな平静を装うので精一杯になっても当然だろう。

ただ、ここからが松山商の本領だった。

タイムを取ってマウンドに集まった松山商の選手たちは「監督の言った通りになったな。ここからまた振り出しや。ここを抑えたらまだ甲子園で試合できるな」。そう言って散っていった。そして、しっかりと間合いを取って次打者の境と対峙する。

当時の高校野球は1試合に取れるタイムの回数なども明確にルールとして制限はされ

ておらず、時代として、ところどころで間を空けても遅延行為とみなされることは少なかった。リズム、テンポ、タイミング……野球というのは本来そういう要素、プレーしていないときも含めて〝時間〟を上手く使いながら駆け引きを考えていく競技でもある。松山商は大会を通して事あるごとに小まめにタイムを取っており、また選手同士でもよく声を掛け合っては間を置いていた。熊本工で田中がこだわってきた「半歩、半呼吸で勝負が決まる」という概念。こちらはそれを伝統として当たり前のように積み重ねてきたわけで、まさに〝時間〟を支配していたチームだったと言える。

案の定、境の打席はショートゴロで3アウトチェンジ。マウンド上の新田こそ「ショックで何も覚えていなかった」とは言うが、野手陣は「奇跡の同点弾」はすでに終わったものとして、完全に気持ちを切り替えていた。

しかしながら、なぜあれだけ切羽詰まった状況でもそんなことができたのだろうか。

実は1点リードで9回表の攻撃に入る前、ベンチ前で円陣を組んだときに澤田からこんな言葉を掛けられていた。

「お前ら、本当に幸せだよな。こんな（約）5万の観衆がおって、最後までここに立たせてもらえるなんて、球児としてこんなに幸せなことはないよ。たとえこの後、9回に同点に追いつかれたとしても、こんな最高の空間で延々と10回、11回、12回……ずっと試合をやりたいよな」

決して澤村のアーチを予見していたというわけではない。ただ澤田自身が「心底、勝敗うんぬんよりもまずこれだけの舞台に立てていることへの幸せを感じた」という。変に勝利を意識するよりも、いつも通りの野球をしながらその空間でプレーすることを噛み締めてほしい。そんな想いをどうしても伝えたかった。「そうやって無欲でおられたから、同点に追いつかれた後も慌てずに守れたんじゃないかな」と澤田は言う。

実際のところ、次の打者ですぐチェンジにできたのは大きかった。

と言うのも、境が打ったゴロは三遊間寄りに転がっている。ショート深堀は右側に走りながら打球を追い、捕球後に踏ん張って左側へ送球。難なくアウトにしているようにも見えるが、プレーの過程で弾いたり悪送球をしたり、あるいは少しもたついて内野安打になってもおかしくない打球だった。そして、熊本工サイドは「次の星子まで回れば面白いと思っていた」（上木）という。準決勝まで10打数5安打と当たっており、この試合でもすでに2安打。新田にもタイミングが合っているだけに、サヨナラ勝利の立役者になりそうな雰囲気は大いに漂っていた。

実は、この境の打席こそが大きな勝負どころだと考えていた人物もいる。野田だ。

9回裏に澤村がホームインした直後。ベンチから続々と飛び出して喜ぶ選手たちに対し、野田は「まだ終わってねぇぞ！」と言いながら激しく手招きをしてベンチ内に戻している。

「僕は、あそこで同点止まりだったら逆に負けると思っていたんですよね。新田君も両ヒザをついてしまうほどの状態だったし、あのまま押していればおそらく勝てたかもしれない。勝つチームってやっぱり、同点に追いついたらそのままの流れで一気にサヨナラ勝ちすると思う。だから（奇跡のバックホームで無得点に終わった）10回裏っていうのは、9回裏に逆転し切れなかった時点で最終的にはウチに流れがなかったとも思うんです」

もし仮に、境の打席が内野安打だったらどうなっていたのか。単純に当てはめることはできないが、10回裏に星子は左中間二塁打で出塁しており、やはり新田の球を捉えていた可能性は高いだろう。球場の雰囲気も一気に熊本工ムードへと変わっていたから、境がサヨナラのホームを踏むことも十分に考えられた。

そういう意味でも、深堀の守備は隠れたファインプレーだった。さらに深堀が落ち着いて守れた背景には、こんな要素がある。

「やっぱり今井さんと星加さんがすごいなって思うんですよ。新田がヒザから崩れ落ちたとき、今井さんはすぐに抱き上げていて、星加さんに至ってはちょっと胸ぐらをつかむくらいの感じで起こしたんですよね。で、『まだ同点やないか』『終わってねぇやん』と。近くに寄っていた僕も『そうだよな』と思ったし、2人の姿を見て、僕もできることをやろうと思いました。だからすごく冷静に打球を処理できたんですよ」

また深堀はもともと、中学時代から吉見に憧れを抱いていた。二遊間を組む中では厳しく指導もされたが、「とにかくカッコ良かった」という先輩の背中を必死に追ってきた。頼れる内野陣の中で「僕はもう一生懸命に守って、バントして。とにかく3年生たちに少しでも貢献できるようにという想いでした」。そして父親からの訓えだった「とにかく（積極的に）前へ」に集中したことが、軽やかなフットワークを生んでいた。

最後までやれることを徹底する。そんな松山商の真価が表れた部分はまだある。

3対3の同点となったとき、サードの星加は三塁の塁審に対して「空過」のアピールプレーをしている。澤村がベースランニングをしている際に「三塁ベースを踏み忘れたのではないか」という訴えだ。

実際に踏んでいたかどうかは問題ではない。と言うよりも澤村はしっかりとベースを踏んでいたのだから、むしろ言い掛かりと見られても仕方ないだろう。では、なぜアピールするのか。そもそも8回裏、熊本工が2点目を挙げた犠牲フライでも、星加はやはり「三塁走者の離塁が早かったのではないか」というアピールプレーをしていた。

教訓がある。

93年夏、松山商は県大会の準決勝で宇和島東と死闘を繰り広げた。決着は0対0で迎えた12回裏のサヨナラ犠飛。だが宇和島東ナインが喜び、松山商ナインがみな泣き崩れている中で、主将の捕手・宮内崇志は冷静に「三塁走者の離塁」についてアピールをしたのだという。普通、サヨナラ勝ちが決まったケースというのは両者とも感情が表に出るもの。そんな状況でアピールプレーをしようものなら「空気を読んでいない」「水を差すな」と批判されてもおかしくない。ただ、いくら球審が本塁のセーフを宣言しても「99・99％はそれで終わりだけど残りの0・01％の可能性がアピールプレーに残されている」というのが松山商に伝わってきた考え。ほんのわずかでも可能性が残っている限り、どんな場面であってもそれを遂行しなくてはいけない。澤田も普段から口を酸っぱくして言ってきたことだ。

星加のアピールに対して、熊本工のスタンドからはブーイングが起こった。当事者の澤村は、ベンチ内で周りから「踏んでないのか？」と聞かれて「いや、踏みましたよ！」と返している。

「でも松山商がしっかりアピールするので、もしかしたら本当に踏んでないのかなっていう気にもなったりしましたよ（笑）。あの大舞台で冷静に次のことをして、間を空けて次の打者と対戦して。そういう部分も本当にしたたかですよね」（澤村）

星加のアピールは、実はスタンドからの声がきっかけだったという。

「ホームランの直後は僕も腰が抜けている状態なのでアピールプレーのこともさすがに頭にはなかったんですけど、松山商の熱狂的ファンの方がスタンドにいて『踏んでない！』と。それが聞こえてハッとして、新田からボールをもらってアピールしたら、審判に『プレーが再開してから』って言われた。と言うことは本当に踏んでないのかなと思って、プレーが掛かってまたアピールしたら判定はセーフ。2度やってブーイングも食らうし、何なんやと（笑）。でもそこも伝統校の素晴らしさで、マツショーだったら普段からそこまでするはずやろってことが、ファンの人にも浸透していたんですよね。10回裏のタッチアップですか？　もし矢野のバックホームがセーフになっていても、僕はやっぱり同じようにアピールしたでしょうね」

ちなみに――この執拗なアピールプレーは、熊本工に見えないプレッシャーを与えたと言われている。「松山商はそんな細かい部分まで見ているのか」というイメージを植え付けることで、無意識のうちに相手の走塁は慎重になる。その結果、わずかにスタートやスピードを遅らせることができるのではないか。そして「奇跡のバックホーム」の場面でも、三塁走者の走塁に少なからず影響を与えたのではないかと。

ただ星加は「どうでしょうね。ランナーのスタート、若干遅れたのかなぁ。僕もタイミングは当然見るけど、細かく考える余裕はなかったですね。（三走の）星子君も実際のところ、大事に行こうとか考えてないと思います。フライが浜風で押し返されているのも見えているし、むしろ余裕はなかったんじゃないかな」。

この件を星子に聞いてみた。

「8回裏は僕が三塁走者で生還したんですけど、澤村のホームランのときも含めて、アピールプレーは気にも留めていないですね。と言うか、全然知らなかったんですよ。試合後の取材で記者の方々に言われて『そうだったの？』って。で、10回裏のスタートに関しては、何なら8回裏のときよりも早かったくらい。僕の中ではベストでしたね」

何でもかんでも、すべてがそう都合よく1本の線につながるわけではないようだ。しかしながら、こうしたルールを熟知するという部分まで普段から徹底してきた。それが当時の松山商のしぶとさ、粘り強さを生んでいたのは間違いない。

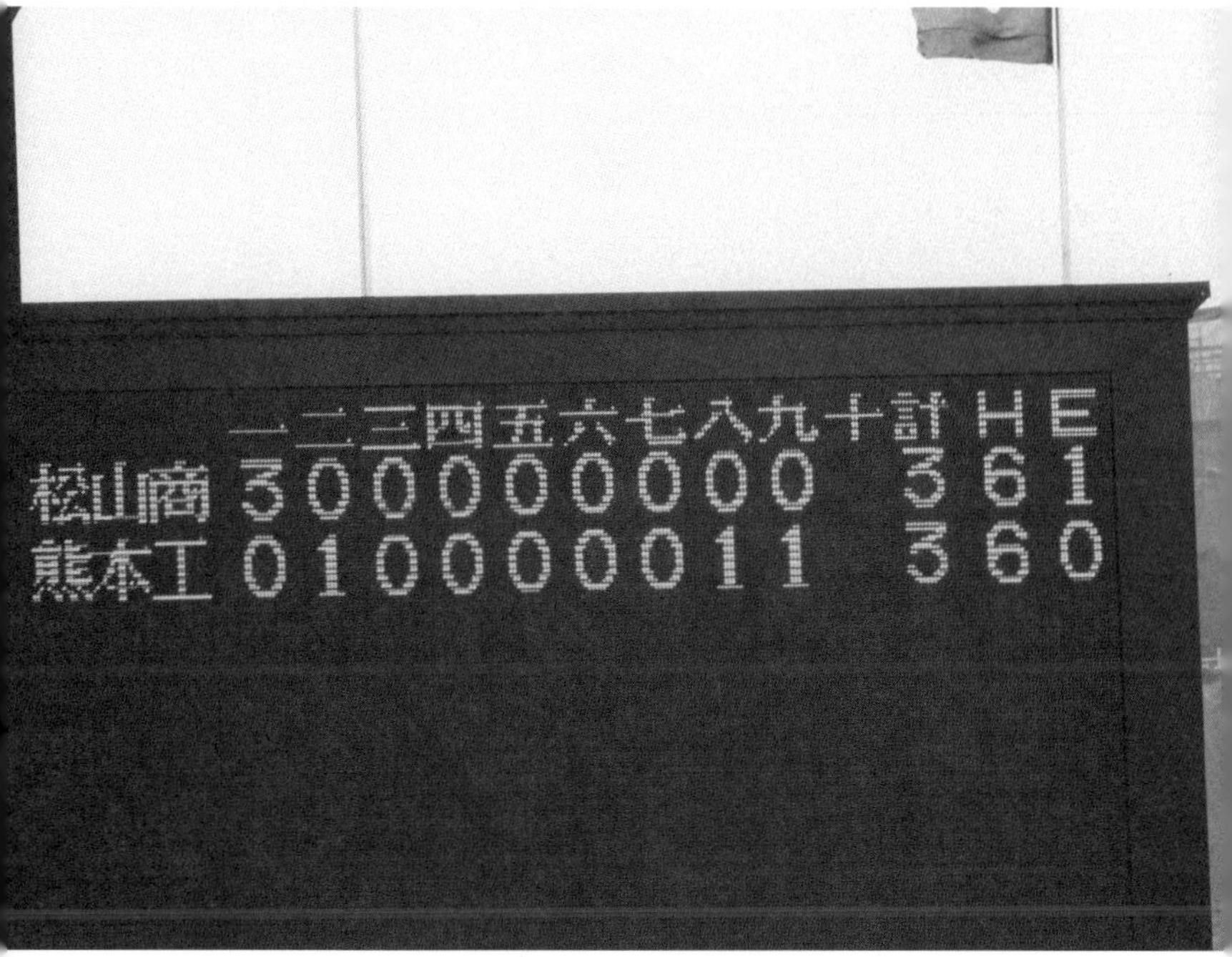

熊本工・澤村の劇的な同点弾により試合は延長戦へ突入した

勝負は延長戦へ

試合は振り出しに戻り、3対3で延長戦へと突入した。

10回表の松山商。先頭の渡部は痛烈な打球を放つがファーストライナー。続く石丸も良い角度でフライを上げたが、代打の松村に代わってライトに入った井の守備範囲。あっさり二死となる。勢いが熊本工へと傾いたのか、どこかツキも味方した。

守備に入る前、境は「もう1回、開き直っていこう」と園村に声を掛けている。追いつく直前まで「負けて終わるんじゃないか」という想いもあったからこそ、気持ちが切れている可能性もある。だから「もう一度ちゃんと集中しよう」と話し合った。そして、初回にあれだけ崩れたはずの園村は「味方が点を取って追いついてくれたので、どんどんモチベーションが上がっていく感じでしたね」。もうすっかり立ち直っていた。

そのまま三者凡退になれば、熊本工の〝押せ押せムード〟はさらに増幅していたのではないか。だが松山商も二死から向井がライト前ヒット。続く久米は見逃し三振でチェンジとなるが、簡単には引き下がらなかった。

向井が出塁したとき、深堀はある感情を抱いていたという。

「この人、この状況でヒット打ったよと思って。やっぱり先輩たちはすごいなぁと」

実は向井はこの試合、左ヒジにテーピングをグルグルと巻きつけて出場していた。前日の福井商戦、5回表の第3打席で死球を食らった。勝利後に医務室へと連れて行かれ、レントゲンを撮ると「たしか骨にヒビが入っていたか欠けていたか、『あるはずのところにない』と言われました」（向井）。ただ、右投げだから投げることは何とかなる。痛みはあるがバットも何とか振れるし、チームに迷惑を掛けるような状態ではない。そういう判断のもとで出場が可能になり、試合前にテーピングでヒジを固定したのだ。

「最初はやっぱり痛くてバットを強く振れなかったので、振らなきゃと思った球だけ振るようにしました。でも、試合が進んでいくうちに痛みを忘れていきましたね。決勝の大舞台ですし、人間、あと1試合って思ったらやっぱりアドレナリンって出るんでしょうね」（向井）

驚くべきことに、向井のこの日の打撃は内容が良かった。第1打席は初回の四球だが、

2打席目以降はセンターフライ、センターフライ、ライトフライ。コンパクトなスイングを意識し、いずれも園村の球をしっかり捉えていた。そして第5打席はついにヒット。

「自分の中ではレフト前に引っ張ったくらいの感覚だったけど、思いのほかバットが出なくてライト前（笑）。たまたまですね」と向井は言うが、深堀はこう語る。

「ヒジの状態はかなり酷かったはずなんですよね。でも、それを気持ちで上回ってしまうすごさというか。向井さんだけでなく、1つ上の学年はそういう人たちの集まりだったんですよ。厳しさも怖さもあったし、オーラがあって近寄りがたい部分もあったし、でも気さくに接してくれる面もあって。一緒にプレーしていて、すごく頼もしかったですね」

先にも述べた通り、向井はもともと新田が登板するたびにベンチへ下がる〝準レギュラー〟的な立場だった。夏はその役目が矢野に移ったわけだが、県大会での成績は14打数2安打で打率1割台。明らかに苦しんでいた。それでも起用され続けたのは、向井の長所が〝松商野球〟に相応するものだったからだ。

向井は自身の打撃について「コツコツ当てていくタイプで、センター前とか右方向とかそういう打球は得意でした」と話す。長打が飛び出すこともあるが、基本的には打線の〝つなぎ〟。だからバントやエンドランなどの小技もきっちり決める。そもそも松山クラブ出身だから、野球の考え方や動き方は染み込んでいる。状況に合わせて左右にも打ち分けられる器用な打者だった。

熊本工バッテリーは、当時の松山商について「一番から五番までに良い打者が揃っている」というイメージを抱いている。長短打を繰り出せて出塁率が高い吉見、足が速い星加の一・二番。長打力と勝負強さを兼ね備える今井、渡部、石丸の中軸。下級生時からの経験値を考えても、この上位打線は鉄板だった。裏を返せば、相手が少し警戒を緩めてくる下位打線でいかにプレッシャーを与えられるか。これが勝利を呼び込むカギでもあったわけだ。

そして、甲子園でその期待に応えたのが向井だ。1回戦では七番を打って2安打を放ち、2回戦ではセーフティースクイズとタイムリーの2打点。久米と入れ替わる形で六番に上がった3回戦では3犠打を決め、準々決勝では大会ナンバーワン右腕から2安打1四球。県大会で不振だった向井の上昇で、松山商の打線はつながりがより強化されていた。

ちなみに下位打線で言うと、この夏は新田も打撃が好調だった。県大会では14打数5安打、甲子園では16打数6安打5打点。「八番ピッチャー」なら上出来の数字だろう。

ただ――だからこそ〝準レギュラー〟に甘んじていた矢野の想いはまた複雑だった。

矢野が決勝までに出場したのは2回戦と準決勝の2試合。つまり渡部が先発した試合だ。前者は3打数1安打、後者は2打数1安打1犠打と決して成績が悪かったわけではなく、渡部から新田への継投のタイミングで交代しただけのこと。だが、出場のなかった3回戦ではマウンド上の新田が渡部と入れ替わって初めてライトの守備に就いており、澤田が言っていた「こういうこともあるぞ」がついに実現を迎えてしまった。さらに準決勝では1点リードの7回表、二死満塁の場面で打席が回ってくるが、ここでまさかの「代打・新田」。矢野は厳しい現実を突き付けられた。

「悔しかったですけど、何かを印象づけるような活躍もできていないのでどうしようもないですよね……。もともとはセンバツ後から僕の打撃が低迷したところに責任があるわけで。それに向井は器用に打つタイプだけど、僕は逆にガチガチの硬い打撃しかできないタイプだったんです。そこの比較もあったのかなと。甲子園では向井もいい感じで機能していたので、監督も代える気はなかったと思います。レフト向井、ライト渡部という形が固定になり、準決勝では代打も出され、決勝はおそらく新田が先発だろうなとも分かっていた。だから最後の1試合は、もちろん試合に出たいという気持ちはメチャクチャありましたけど、チームのために何ができるかっていうことだけに徹していました」（矢野）

矢野は決勝ではずっと一塁ベースコーチを務めていた。そして、守備中はとにかくベンチから大声で味方に言葉を掛けながら戦況を見守る。もちろん途中から自分が出場するという展開など、まったく想像していなかった。

しかし実は一方で、澤田は矢野のことを常に気にかけていたという。

「県大会でも甲子園でも先発投手を決める間際まで、渡部で行けば矢野も生きるよなぁとか、でもこの試合はどう考えても新田で行かなきゃダメだよなぁとか、いつもそうやって迷っていたんです。特に準決勝で新田を代打に出したときなんか、私のほうも勝つために恩情はなしと決めていましたけど、矢野はやはり屈辱的な交代だと感じていたようで……。彼が必死になってひたむきに練習する姿を見てきましたからね。決勝でもどこかで使ってやりたいなって、ずっと思っていたんですよ」

そんな想いを抱えながら、試合は命運を分ける10回裏へと入っていった。

第五章

伝説の試合（後編）

投手交代の決断

10回裏。松山商のマウンドにはそのまま新田が向かった。

なぜ続投だったのかという疑問がある。新田の疲労はすでにピークを過ぎていた。また9回裏の澤村の一撃では、同点止まりだったにもかかわらずヒザから崩れ落ちたのだ。たとえ後続を断ったとは言え、あの時点で心が折れていたことは誰の目にも明らかだった。

9回裏を終えたとき、松山商のベンチ内ではこんなやり取りがあった。

澤田「新田ぁっ！」

新田「ハイッ！」

澤田「まだ行けるか？」

反射的に「行けます！」という言葉が口を突いて出てしまった。ただそれまでの試合を振り返ってみても、自分が窮地に陥ったまま降板してリリーフに託すというパターンはなかった。だからもちろん、最後まで投げ切るのが当然だと思っていた部分もある。

すると……

澤田「よし、じゃあ行け！」

そう言われて続投が決まった。新田は「監督から『行けるか？』って聞かれたら普通、無理ですとは言えないじゃないですか（苦笑）。でも実際には、立て直すのは厳しい状態でした」と明かす。

だが――実は続投の判断はこの新田の返事が直接の決め手ではない。澤田はむしろ、このやり取りによって新田に交代を命じようと思っていたのだという。

「私の中ではもう、10回裏は頭から渡部で行こうと思っていたんですよね。で、一応、確認のために新田を呼んだんだけど、そもそも選手本人に行けるかどうか聞くっていうことは、こちらはすでに限界だということが分かっているんです。監督から聞かれたら、選手は誰だって『ハイ』と答えるしかない。だから、『行けるか？』と聞いて『ハイ』と返ってきたら『よし、じゃあ交代な』っていうのが私の中での格言というか、セオリーだったんですよ。そしてあのときも内心は、新田を代えるとしたら絶対にここだと。

ただ……」

1つだけ懸念があった。

相手投手の園村は初回に3失点を喫しながら、その後は粘って抑え続けていた。新田と同じように疲労はかなり溜まっているだろう。それでも9回を投げ切り、10回表もマウンドに立とうとしている。お互いがエースとしての意地を見せながら我慢比べのようにして進んできた試合。そういう勝負のときは得てして、先に動いたほうが負けるものではないか。

これもまた、澤田が経験の中から培ってきた教訓だった。

「こちらが先に投手を代えるということは、守備の流れを変えてしまうということでもある。当然、スキが生まれる可能性もありますよね」

まして熊本工打線は決して、新田を完璧に打ち崩していたわけではない。実際、女房役の石丸も「ここでもう代えなきゃダメっていうほど球が来ていないわけではなかったんです」と振り返る。澤田は自問自答を重ねた末に、これまでのリズムを重視したほうがいいという結論を出したわけだ。

ただ結果的に言うと、この決断は裏目だった。

先頭打者の星子に対して、新田はいきなりボール球を3つ続けてしまう。そこから何とか2ストライクまではこぎ着けたが、最後は二塁打を浴びてしまった。新田が当時の心境を振り返る。

「10回表の攻撃で点が取れずに終わったでしょう。それを僕はネクスト（バッターズサークル）で待ちながら見ていて、『次（10回裏）を抑えたとしてもまだその次（11回裏）があるんだよなぁ。投げられるかなぁ』って思いながらベンチに引き揚げたんですよね。で、完全に申し訳ない気持ちでマウンドへ。しかも、よりによって先頭打者はタイミングが合っていた星子さん。実はもともと対戦前から少し意識もしていたんです。試合前日とかも雑誌で熊工の選手のプロフィールを見ていて、誕生日が決勝の翌日（8月22日）で僕と一緒だったし、こっちには星加さんがいるけど星子っていう苗字もあるのかぁとか。印象に残っている人だったので、余計に嫌だなぁと思いましたね」

そんな不安を抱える新田の状態に加えて、星子は先述の通り第3打席で「ボールを引きつけて逆方向へ打つ」という意識へ切り替えて手応えを得ている。また、この打席では田中からの「待て」のサインにも応じており、自分の活躍うんぬんよりも純粋に「勝ちたい」という意識が強かった。ある意味、熊本工が1つになった瞬間だったのかもしれない。当然、この勝負は後者に分があった。フルカウントから新田が投じた内角スライダーにも逆らわずスイングし、上手く左中間へと弾き返す。守備範囲の広いセンター久米も打球を止めるのが精一杯で、星子は悠々と二塁へ到達した。

この一打で甲子園は沸いた。当然ながら、熊本工のスタンドやベンチは大盛り上がり。澤村は「正直、これで（勝利は）もらったっていう感じでした」。高波も「あの時点で、頭の中ではもう日本一がはっきりと見えていましたね」と語る。

一方、注意していたはずの先頭打者、なおかつ左打者に出塁を許した松山商。澤田は「あぁ、一手遅れた……。やっぱりそうなるか……」と嘆いたが、これでもう投手交代を迷う理由はどこにもなくなった。それは選手たちも同様で、今井は「正直、これでもう終わっちゃうかなぁと。僕自身は延長に入った時点で投手交代かなとも思っていたし、勝っても負けても最後はエースナンバーをつけている渡部で終わるんだろうなという想いはありました」と話す。

そして、ここでついに渡部がマウンドへ。新田は「すみません」と伝えると、入れ替わりでライトのポジションへ就いた。

代わった渡部はまったく表情を変えないまま、淡々と投球練習に入った。それだけ試合に集中していたということか……いや、こちらにはこちらの事情があった。

「ぶっちゃけた話、僕はあのときちょっとキレ気味でマウンドへ向かっているんですよ（苦笑）」（渡部）

その顛末《てんまつ》はこうだ。

この試合、いくら安定感のある新田が先発するとは言え、澤田は万が一のために渡部にもリリーフの準備をさせていた。そして7回あたりだったか、渡部は新田とともに澤田のもとへ呼ばれている。

澤田「準備できとるか？」渡部「できています」

澤田「新田、まだ行けるか？」新田「ハイ、行けます」

そんなやり取りがあった中で、最終的には「試合状況としても新田が最後まで投げ切ったほうがいい」という話に落ち着いた。だから8回以降、渡部は「マウンドはもう新田に全部任せたぞ」という意味合いも込めて、まったく投球練習をしていなかったのだ。自分が途中から登板することなど寝耳に水。当然ながら準備もできておらず、「このタイミングで俺かよ……」という心境だった。

「ただ、素直にそう思えていたっていうことは、今振り返れば試合の雰囲気に呑まれず平常心でいられたのかなと。まぁ次打者への初球、バントさせようと思った球がいきなりワンバウンドになったので、正直まだ投げられる状態ではなかったんですけどね。でも2球目は何とかストライクゾーンに行ってバントをさせることができて。そこからは、投げながら少しずつ肩を温めていったような感じでしたね」

満塁策

さて、無死二塁で打席には九番の園村が入った。そして熊本工が取った作戦は送りバント。確実に走者を進め、一死三塁で上位打線に回そうと考えた。

当たり前のことだが、野球は1つでも先の塁に進めて得点を狙うスポーツだ。特に走者三塁というのはヒットが出なくても暴投や捕逸、犠打（スクイズなど）や犠飛（外野フライなど）、内野ゴロ、相手失策……あらゆるパターンで得点ができる。まして次の1点で試合が決まるような状況であれば、無死二塁からの送りバントは一般的なセオリーでもある。より確率の高い方法を重視する〝田中野球〟だからこそ、この攻め方を選択するのは当然だった。

ただ、高波はベンチ内で少し違う見解を抱いていた。

「僕は正直、園村にそのまま打たせてほしかったんですよね。彼も打撃が良いので内野の間を抜くこともあっただろうし、最悪でも安全な進塁打（左打者なので引っ張って右方向へのゴロ）にはなる。しかも二塁走者の星子は足が速いわけで、無死二塁から打者3人の勝負ならヒット1本が出て1点を取れるんじゃないかなと。あえて一死を相手に与えるんじゃなくて、無死のうちに攻めたほうがいいんじゃないかと思っていました」

実際に園村はきっちりと犠打を成功させてチャンスを拡大しているため、これはどちらが正解だったとも言い難い。園村が打っていた場合、もしかしたらサヨナラヒットだったかもしれないし、凡打で走者は二塁に釘付けだったかもしれない。

と、熊本工サイドにもこうした思惑があったのだが、実は澤田はこれを完全に読み切っていた。さまざまな選択肢の中で、田中なら必ず手堅くバントで送ろうとしてくるはず。そう確信した上で、園村の打席では三塁封殺を狙うバントシフトを仕掛けている。それもじっくりと間を取り、しつこくていねいにけん制を入れてから……。田中が熊本工に採り入れたものではあるが、こうした細かい戦術は松山商も普段から当たり前のように実践していたのだ。

まずはショート深堀が二塁ベースに入るパターンのけん制を見せ、次にセカンド吉見が入るパターンのけん制。これで走者を釘付けにしておき、サード星加がチャージして深堀が三塁ベースカバーに入った。初球は渡部の投球がボール球になったため、仕切り直し。今度もまた違うパターンのけん制球を2度挟み、やはり星加がチャージ。走者二塁のバントシフトではファーストがチャージするケースのほうがよく見られるが、澤田は「園村君は左打者で、もしバスターに切り替えてきたら引っ張って一・二塁間を抜かれるという可能性も高くなる。一気にサヨナラ負けというリスクがあったので、サードを前に出しました」。逆に左打者がバスターで逆方向に流すのは案外難しいもので、また仮に広く空いた三遊間を抜かれたとしてもレフト前ヒットなら走者がスタートを切りにくい分、一気に生還するという可能性は低い。そこまで考慮した上でのバントシフトだった。

また、田中が送りバントを選択するはずだと読んだ根拠は、8回裏にあった。あのときもやはり星子が先頭で出塁。そして無死一塁から、園村が初球に迷わず犠打を決めている。澤田が言う。

「熊本工からすれば、2点差で負けていて残された攻撃は2回。ここでの采配って普通は迷うものなんですよ。確実に送って一死二塁を作り、その後も期待通りに1点を取れたとして、まだ1点負けている。それならば強攻策に出て、一気に同点や逆転を狙っていったほうがいいのかと。それもまたゲッツーなどのリスクがあるわけで、指揮官としてはかなり悩みどころなんですよね。でも田中監督は何の迷いもなくバントで送らせてきた。ここで田中監督の野球観を感じたというか、この人は細かい部分を確実に詰めてくるタイプの野球をする監督なんだなというのが見えたんですよね。さすがは田中監督だなと思いながらも、その伏線があったから10回裏のあの場面は絶対にバントだと思っていたんです」

そして相手が田中だったからこそ、澤田の頭にはもう1つのプランも思い浮かんでいた。それは園村をあえて敬遠四球で歩かせ、フォースプレーで守りやすくなるように塁を埋めてしまうという手段だ。無死一・二塁で打者が一番の野田なら、田中はやはり犠打で一死二・三塁を作ろうとするはず。ここでバントシフトを敷いてまず三塁封殺を狙う。そして一死一・二塁としてからは二番の坂田と勝負。と、こんなプランも頭をよぎった。

だが、これはすぐに却下した。

「投手が新田のままだったらそうしていました。フィールディングが良くて、送球の正確性と判断力もありましたからね。ただ渡部に代えていた分、このプレーにはリスクもあった。過去に練習試合でもあったんですが、渡部はバント処理の三塁送球を勢いでやってしまう傾向があって、ボールが逸れてフィルダースチョイス（野手選択）っていう可能性も高い選手だったんですよ。それなら無死二塁からシフトを敷いて、バントをさせちゃったほうがいいかなと」（澤田）

ただそこまで読まれていてもなお、風はまだ熊本工に吹いていた。園村のバントは松山商のシフトの網に掛かり、チャージしてきた星加の正面に転がっている。だが走者・星子のスタートの瞬発力とスピードがそれを上回っていたため、松山商は三塁送球を早々に諦めざるを得なかった。

一死三塁。結果的には田中が思い描いた通りの展開である。ここで松山商はタイムを取った。今井ら野手陣がマウンドに集まり、ベンチから走ってきた伝令の吉田士文がその円陣に加わる。身長184センチはチーム一の高さで、体つきも良くて目立つ存在。周囲を和ませる〝いじられ役〟でもあった吉田に対し、いつもなら「来んでええから。はよ帰れや」とみんなで茶化すところだったが、このときばかりは状況が違った。

「監督さん、何て言いよる？」

誰かがそう訊くと、吉田はこう言った。

「満塁策や」

みんなで思わず顔を見合わせた。渡部は代わったばかりでコントロールにも不安が残っている。そんな状態で、逃げ道のない満塁策などを講じて大丈夫なのだろうか……。

緊張感が走る中、口を開いたのは今井だった。

「27年前（69年夏）の先輩たちも甲子園（決勝の三沢戦）で同じような場面で満塁策をして優勝したんやから、ひょっとしたら勝てるんちゃうか。俺らにもできるけぇ、ここは乗り越えようや」

今井は父親の影響もあって、69年夏の甲子園決勝の試合映像を過去に観たことがあった。また当時の逸話も聞いてきたし、もちろん松山クラブや松山商でも何度も耳にした。絶体絶命のピンチを迎えて伝令がやってきた瞬間、不思議とその〝伝説の試合〟の光景が頭に浮かんできたのだという。

そんな今井の言葉に呼応するように、耳を傾けた全員が身をギュッと寄せた。そして「そうやな」「よっしゃ！」と気合いをつけて散っていった。星加は「今井の存在は大きかった」と回想する。

「この前、また映像を見返してみたんですけどね。吉田から『満塁策や』って言われて一瞬、みんな固まっているんですよ。その後に今井が話してからみんな散っていく感じで。僕らだってミスしたら終わりっていう状況なわけで、あの場面で普通、ああいうことは言えないですよ。しかも27年前の試合のことをパッと思いつくのもすごい。アイツの言葉で腹が決まりましたね」

今井がいるのといないのとでは、チームの安心感が違う。澤田の言っていたことが少し理解できた気がする。

勝敗を分けた名采配

今井のひと言でバッテリーや内野陣の覚悟は決まった。一方で外野陣も、伝令が出たタイミングで「おそらく満塁策で守りやすくするんだろうな」と想定はしていたという。マウンド上の渡部は「敬遠の練習をしたことがなかったので、どの辺に投げたらいいかというのが少しだけ心配だった」と苦笑するが、一番・野田に4球、二番・坂田に4球。計8つのボール球を淡々と投げ続けた。

これで一死満塁。両チームにとっての「勝負」のお膳立ては整った。

興味深い話がある。

後年、当時の松山商の選手たちが澤田を囲んで集まったとき、マネージャーだった岩井康誠が「自分しか知らない話」として1つのエピソードを披露した。その内容は延長10回裏の無死二塁になった時点で澤田がすかさず、隣でスコアをつけていた自分に「三番の（偵察）データを出せ！」と指示していた、というもの。つまりあの段階ですでに、一死満塁で熊本工の三番・本多との勝負になるというのを計算していたということだ。

もっと細かく言えば、澤田は先述の「園村にバントをさせるか」「園村を敬遠して野田にバントさせるか」の二者択一を思い浮かべて前者を選んだ時点で、「次の野田と坂田はどちらも歩かせて満塁策を取る」と迷わず決めていた。

「無死二塁から九番にバントで送られてしまったとすると、一番と二番を敬遠して満塁策だから、三番との勝負になるのは当たり前。そうやって常に三手、四手は先を読んで、その都度『こうなったら次はこうだな』と作戦を思い浮かべていました。躊躇《ちゅうちょ》せず満塁策を選択したのは、中途半端に攻めて失敗した過去の反省があったからです。そもそも満塁策のメリットは何かと考えたとき、一般的にはフォースプレーなので守りやすいとか、ゲッツーのチャンスも出てくるとか、その辺が挙げられますよね。当然それも期待はしていましたが、私はもう1つ〝打者に対してプレッシャーを与えられる〟という部分が大きいと思うんです。臭いところを突いて打者に手を出させようとしながら、カウントが悪くなったら敬遠に切り替えるという方法だと、その効果は薄い。やっぱり大胆に外して、目の前でハッキリと『敬遠です』と意思表示をして相手にもちゃんと分からせてこそ、次の打者に大きなプレッシャーが掛かるものだと。相手の闘志に火をつけて『よし、俺が絶対に決めてやる』なんて思わせれば、逆に余計な力みも出てくるでしょう。それと同時にバッテリーからすると、明らかなボール球を堂々と投げている時間というのは潔さもあって、あまりピンチに追い込まれているとは感じにくい。堂々たる〝攻めの守備〟じゃないかなと思うんですよ」

そして澤田が取ったこの満塁策こそ、試合に影響を与えた名采配の1つだった。

そう言える根拠が2つある。1つは澤田が話した通り、やはり打者の本多にも「自分のところで勝負なんだな。よし、絶対に打つぞ」という意識を与えており、少なからず力みを生ませる要因が作れていたこと。そしてもう1つは、満塁策を講じたことで実際に熊本工の作戦をリセットできたことだ。

一死三塁になる直前、実は熊本工ベンチでは動きがあった。田中が打席の園村に対して犠打のサインを出すと、続いて野田を呼び寄せてこう言ったのだ。

「謙信、(一死三塁で回ってきたら)スクイズだ。3球目にサインを出すからな」

野田も「分かりました」と応じてネクストバッターズサークルへ。つまり澤田が満塁策を指示していなければ、あるいは厳しいコースを突きながらの中途半端な敬遠を選択していたら、野田は間違いなくスクイズを仕掛けていたわけだ。そして〝田中野球〟を仕込まれていた野田だからおそらく、あっさりとサヨナラ犠打を決めていただろう。

ちなみに走者の星子もまた、三塁へ進塁後は「野田でスクイズという指示だったので、何球目に出るのかタイミングだけ逃さないようにしていた」という。たびたび反発心を抱いてきた星子が田中のサインに神経を研ぎ澄ませることなど、後にも先にもこのときしかない。熊本工のハッピーエンドのシナリオはもう完全に出来上がっていた。

田中があらかじめ「3球目」と決めていた理由は定かではないが、おそらくこう考えたのではないか。松山商バッテリーもこちらの動きを警戒して、初球はボール球で外してくる可能性が高い。ならば2球目にいったん、様子見をしてくるのか勝負をしてくるのか、もしくは完全に敬遠へ向かっていくのかを見極めてから動きたい。そして明らかなボール球で外す様子がなければ、3球目にスクイズだ、と。あくまでも推測に過ぎないが、実際に2球連続で大きく外しに来た松山商バッテリーの動きを見て、野田はもともと予定にあった3球目を淡々と見逃し、その後もバントの構えで揺さぶるようなフリすら見せていない。田中も「これは間違いなく敬遠だ」と判断し、予定を変更してサインは出さなかった。いや、澤田の采配によって「出せなくなった」と言っていい。

さらに続く坂田の打席。こちらも野田と同様に〝田中野球〟の申し子のようなタイプ。しかも一死一・三塁は内野手が最も動きにくく、必然的にバントも成功しやすくなるケースである。ここで松山商バッテリーがもし中途半端に勝負を仕掛けていたら、やはりスクイズで試合が終わっていたはずだ。

しかし実際、松山商はスクイズを仕掛けるスキすら与えてくれなかった。野田が振り返る。

「ああいう状況から潔く満塁策を取るなんて、それまで僕たちは経験したことがないんですよ。少なくとも熊本の野球にはそんな選択肢がない。その時点で、愛媛の野球のほうが1つ上だったなと思うんですよね」

そして――この直後にもう1つ、澤田の名采配が生まれる。「奇跡のバックホーム」へとつながる、ライト矢野の起用である。

敬遠の8球を見守っている間、澤田の頭の中にはずっとライトの守備のことが浮かんでいた。新田のまま行くか、それとも守備固めで矢野に代えるかの二択だ。

「三番の本多君と勝負することは決めていましたから、一死三塁で伝令を送った直後からはもうずっとライトのことばかり気になっていました。本多君はその日も右方向に打球を引っ張っていたし、直前の第4打席がファーストライナー、その前の第3打席がピッチャーライナーでしっかり捉えてきている。やっぱり右方向に飛ぶよなぁ、と。で、矢野を出したいけど、だからと言って新田に大きな不安があるわけでもない。新田を引っ込めたらもう投手は渡部で行くしかないわけで、そうまでしてライトを代えても内野ゴロのホームゲッツーで終わることだって十分あり得るんですよね。そう考えるとわざわざ新田を降ろす必要はあるのかなとか、いろいろ悩んでいるうちに敬遠が進んでいって……」（澤田）

一死満塁となって再び吉田を伝令に送り、間を置いてから三番の本多が打席に入るのを待つ。さぁ、いざ勝負……。その寸前、澤田の耳にこんな声が届いた。

「お前、何考えとんのや！　今を乗り切らないとあとはないんだぞ！」

後日談でよく「天の声」や「神のお告げ」などと表現されるこの言葉だが、澤田自身は「たしかに聞こえた」という。ベンチの後ろから誰かに言われたような感じで、その言葉がポーンと頭に入ってきた。あるいは星加のアピールプレーのときと同じく、大声援に紛れて本当に誰かがそんな声を発していたのかもしれない。

澤田はふと我に返った。自分が今悩んでいるのは、この場を乗り切った後のことだ。たしかに過去、延長戦の中で「ここが勝負どころだ」と考えて投手を引っ込めた結果、その一手が仇となって負けたこともある。だがそもそも、目の前のピンチを乗り越えなければ意味がないのだ。そりゃあそうだよな……。自分は何を迷っていたんだ……。

ここでモヤモヤしていた心が一気に晴れた。大きな決断をした澤田は慌ててタイムを掛けると、「矢野！（ライトへ）行け！」。今井は「打者が右に引っ張ってくるだろうっていうのは感じていたけど、ここでライトを代えるっていう発想は僕らの頭にはまったくなかった。長年やってきた澤田監督の勝負勘と言うか、本当にすごいですよね」と話す。そして結果的にこの直後、「奇跡のバックホーム」が生まれるわけだ。

正念場での覚悟

澤田による「ライトの守備交代」のタイミングは、まさに間一髪だった。誰もが頭になかった起用なのだから当然、ベンチからの指示など想定もしていない。ましてタイムも取り、マウンド上に集まって気持ちをしっかりと整理し、いざ「勝負」に臨もうとしていた瞬間でのこと。すでに渡部がプレートを踏んで石丸が座り、内外野も準備し、たしかプレーを再開する球審の手も上がっていたのではなかったか。日頃から細かくサインでやり取りをしていた松山商とは言え、澤田の決断がほんのわずかでも遅れていれば指示は見落とされていただろう。

事実、澤田は焦っていたという。

「キャッチャーの石丸に向かって大声を出したんですが、周りの大歓声もあって聞こえていないんですよね。間際になってパッとこっちを見たから良かったものの、あのまま振り向かずにいたら、私は大袈裟なジェスチャーをしながらベンチから出て試合を止めていたかもしれない（笑）。やっちゃいけないことだと分かってはいるけど、それくらい必死でした」

あのとき、球場内には一瞬だけ変な空気が流れた。サインを交換しようとする石丸と渡部のタイミングがなぜか合わず、ほんのわずかな間が空く。と、そこでベンチの動きにふと気付いた石丸が立ち上がり、今井や星加もタイムを求めるジェスチャーを見せ、渡部がプレートから足を外した。微妙な違和感を瞬時に察する能力もまた、松山商の真骨頂だったのだろう。

そしてこの「ライト交代」は、さまざまな意味で良策だったと言える。

矢野はこの試合に自分が出ることを想定していなかったが、「試合に出たい」という空気だけはベンチ内でずっと発していた。そして新田と渡部が交代したときも、やはり「この場面は俺がライトだろう」と念じていたのだという。満塁策で8つのボール球を見届けている間も、澤田が少しソワソワしているような雰囲気でいるのは感じ取った。

(頼む、使ってくれ……)

ふとタイムが掛かり、「矢野、行け!」と澤田の声。ついに願いが通じた。

矢野が当時の心境を思い返す。

「心の準備はできているんだけど、キャッチボールで準備することなんか試合中に1回もしていない。本当に突然声が掛かった感じなので、守備位置に就くまでに肩を回すとくらいしかできなかったですね。ただそれでもやっぱり、試合に出られたこと自体がすごく嬉しかった。僕が監督から試合中に声を掛けられるのって、スタメンで出ていて投手交代にともなって引っ込むときっていうイメージしかなかったんですよ。ベンチ内で『下がれ』って言われたり、『戻って来い』と指示が出てポジションからベンチに帰らされたり。それが初めて『行け!』って言ってもらったので、決勝の舞台で監督が〝使ってくれた〟ということがものすごく嬉しかったんですよね。だから絶体絶命のピンチの場面でどうしようとか、そんなことは微塵も思っていませんでした」

矢野はグラブを着けて意気揚々とベンチを飛び出し、勢いよくライトのポジションまで走っていった。

また時を同じくして、やはりこの交代を心から願っていた人物がいた。新田だ。

澤田は新田の外野守備についてそれなりの評価をしていたが、当の本人は「まったく自信がなかった」という。なにしろ実戦経験がほとんどない。7月の明徳義塾との練習試合で初めてレフトに入ったが、打球は飛んでこなかった。甲子園の3回戦（新野戦）ではライトに入るも、やはり打球は来ず。動いたのはファウルボールが転がってきたのを拾ってボールボーイに返した1回だけで、常に「飛んでくるなよ」と願っていたのが正直なところだ。

そんな状況だから決勝の10回裏、土壇場での外野守備など務まるはずがない。新田は「ヤバいなぁ」と思いながら満塁策を見守っていた。

「一死三塁から2人目（坂田）を敬遠し始めたときには、次の打者が右に引っ張るタイプの本多さんだったので『ヤバい！　こっちに絶対飛んでくる！』と。しかも（投げている）渡部さんはストレートとスライダーが主体で、打者に向かって入っていく球しかないから余計に引っ張りやすいんですよね。上空は風も吹いているし、スタンドに白い服が多いからなんか打球も見えにくそうだし、絶対に捕れないと思いました」

新田は胸に手を当てながら祈った。

（お願いします、代えてください……。せめてライトじゃなくレフトに行かせてほしい……）

それでも動きはなく、本多が打席に入り、球審の手が上がる。

（ヤバいっ……）

そのとき、ベンチのほうで何やら忙しなく動いているのが見えた。

（なんか監督が手を動かしてるぞ。絶対に俺（の交代）だ！）

ほどなくバッテリーが打者との間合いを外し、ベンチの指示が通ると矢野が出てきた。

「あのときはもう本当に、願いが通じて良かったぁって思いましたよ。それしか覚えていない。で、僕がベンチに下がった直後にライトフライが飛んだのを見たとき、まず思ったのは『ほら、やっぱり思った通りだよ』と（苦笑）。それくらい、代われて良かったっていう想いが強かったんですよね。もし僕がライトにそのまま残っていたら、ですか？　よく聞かれるんですけど、多分フライを捕れずにサヨナラ負けか、もしくは何とか捕れたとしても普通に犠牲フライでサヨナラ負けだったんじゃないですかね。〝世紀

の大落球〟じゃなくて本当に助かりました」（新田）

出してくれと願った矢野と、下げてくれと願った新田。奇しくも澤田のひらめきと一致したのは偶然だろうが、双方の想いがピタリと合っていたからこそ、ライトの守備交代は松山商にとって必須だった。

さらにもう1つ、あの交代劇は大事な要素をもたらしている。

新田はベンチへ下がる際、マウンドに立ち寄って渡部に声を掛けた。

「すみません。お願いします……」

そもそもピンチを招いた状態でマウンドを託すのは初めて。守備交代でホッとしながらも、依然として申し訳ない気持ちは拭えなかった。一方の渡部は「おぉ、おぉ」と言いながら軽く頷くだけだったが、こちらも大きな心境の変化があった。

「新田がベンチに下がったことで、僕は腹を括りました。後ろにはもう誰もいない。この先もし延長18回引き分けまで行ったとしても、自分が投げ切るしかないと。もともと満塁策を取った時点で、勝負する打者が右サイドからのボールの出所が見やすい左打者なのでこちらが不利だとか、暴投や四死球も許されないとか、そういう覚悟はできてい

たんですけどね。あのライト交代で気持ちは完全に固まりました」(渡部)

澤田は言う。

「あの状況まで行ったらもうピッチャーとバッター、一対一の勝負の局面なんです。右サイド投手と左打者の有利不利とか、準備不足の渡部に懸念される押し出しや暴投も、またサヨナラ打を打たれるのもすべて想定内。今まで渡部がどんな想いでどれだけのことをやってきたか。また、本多君はどれほどの想いでやってきたか。その部分が自然と滲み出てくるものであって、最後は2人の想いのぶつかり合いでしかない」

投手を交代し、バントシフトを仕掛け、満塁策を講じ、伝令を送って間合いを取り、ライトの守備固めもした。あらゆる策を考え、打てる手はすべて打った。あとは「渡部対本多」の勝負に懸けるのみ。澤田が考える最後のピースだった、渡部の〝想い〟の部分もしっかりと埋まった。

結果はどうなるか分からないが、どうなっても受け入れる覚悟はできている。松山商は満を持して本多との勝負に臨んでいった。

奇跡のバックホーム

ドラマは初球だった。低めを狙った渡部のスライダーは真ん中高めに甘く入り、本多が鋭くバットを振り抜く。打球はほぼ完璧な角度でライトへ上がった。

「終わった」

「これで決まった」

誰もがそう思ったことだろう。しかし実際は打球が浜風で押し戻され、矢野が捕球後に「奇跡のバックホーム」を見せる。タイミングとしては三塁走者・星子の足が先に本塁へ到達したかに見えたが、クロスプレーの判定はアウト。3アウトチェンジで試合は続行だ。甲子園はその日一番の盛り上がりを見せ、割れんばかりの歓声と多くの観衆の欣喜雀躍《きんきじゃくやく》によって、球場内には地響きが起こった。

ガッツポーズを掲げて「やったぁー！」と大声で叫びながらベンチまで一目散に走っていく矢野と、そこに続々と駆け寄り飛び跳ねるようにして祝福する松山商ナイン。

3対3の 10回一死満塁の場面で松山商・矢野は右翼のポジションに入り、直後の右飛をダイレクト返球でサヨナラの生還を封じた（捕手・石丸、三走・星子、球審・田中）

奇跡のバックホームでピンチをしのいだ松山商ナインは、ベンチに戻る際に喜びを爆発させた

一方、まさかのダブルプレーに天を仰いで思わず倒れ込む星子と、「信じられない」とその場に呆然と立ち尽くす熊本工ナイン。そんな分かりやすいまでの両者のコントラストが、その後に訪れる試合の結末をすでに表しているようだった。

あのとき――当時の選手たちやベンチは、あの「奇跡」のプレーをどう見ていたのだろうか。

【奇跡のバックホーム／松山商の証言】
★ピッチャー・渡部真一郎

「あの場面、相手は左打者なのでこっちが不利なのは分かっていましたが、覚悟はできていたし『なるようになるやろ』と思っていました。理想で言うと内野ゴロを打たせてゲッツー。僕の持ち球で10球中8～9球ストライクが入るのはスライダーだったので、ここはスライダーで引っ掛けさせるかカウントを取るのが良いだろうなと。石丸からもスライダーのサインが出て、何も考えずに内角低めを目掛けて思い切り投げました。でもそれがすっぽ抜けて真ん中に甘く入ってしまって……。投げた瞬間に『あっ……！』と思いましたね。そこから審判のタッチアウトのコールで球場がドーッと湧くまで、僕自身は記憶がないんですよ。そして矢野のバックホームの瞬間も見ていない。後で映像を観ましたけど、ようこれでアウトになったなと思いますね（笑）。

で、これこそ澤田監督が叩き込んでくれた〝松商野球〟だと思うんですが、僕は気が付いたら捕手の後ろにいた。無意識のうちに自然とバックアップに走っていたんです。しかも僕らは後年、たまたまあの瞬間を捉えている写真を澤田監督から見せてもらったんですけど、ライトの矢野からセカンド、ファースト、キャッチャーを通り越してバックアップをする僕のところまで、全員が中継プレーとしてキレイに一直線上に並んでいるんですよね。あの局面でそれができるのって、普段から細かい部分までずっと大事にしてきたことが集大成として表れたんじゃないかなと。あと個人的には中学時代、全国大会の予選で今井たちのチーム（松山クラブ）にサヨナラ負けした試合があるんですけど、僕が同じようにライトフライを打たれてタッチアップになった。そのときもやはりバックアップに入ったんですが、距離を詰めすぎたことで捕手が逸らしたボールに反応できなかったんです。送球がショートバウンドになってさらに捕手と走者が交錯していたので、僕が上手くカバーして捕手に投げていたら、おそらくベースから離れた走者にタッチしてアウトだった。その後悔がずっと頭にあって、普段からカバーリングに対してはすごく神経を尖らせていたんですよね。甲子園の決勝では良い位置、良い距離感でバックアップに入れました」

★ファースト・今井康剛

「打たれた瞬間、やられたと思いました。ホームランだと思ったんですよ。角度もそうだし、打球の勢いもあった。甲子園の浜風がなかったら、普通の球場なら（外野スタンドに）入っていたと思いますよ。ただ、もう終わったな、と思いながらも僕はなぜかカットプレーのラインに入っていたし、みんながなぜか一列になっていた。これは頭の中で考えたんじゃなくて、今までの練習で自然と身についていたものでしかありません。矢野の送球ですか？　バックネットまで投げたんかなという勢いで、最後の最後にやりやがったなと（苦笑）。ボールが結構高かったので、僕はそれを見上げながらパッと本塁のほうへ振り返ったんですよね。そうしたらなぜかちょうどクロスプレーになっていた。アウトになったのが分かった瞬間は、奇跡が起こったと思って、みんなでピョンピョン飛び跳ねていましたね。気持ちが一気に上がって、これで（この試合）行けるぞって。

今振り返ってみても、一番練習したのは矢野じゃないかなと思うんですよね。全体練習の最後の締めで、各ポジションにノックを打って全員がノーミスだったら終わりっていうのがよくあったんですが、外野でレフト、センターとプレーが決まって最後にライトっていうところでアイツはいつも失敗しよったんですよ。で、連帯責任で僕ら全員走らされて。それがあまりにも多いから、星加なんか土下座して『お前（矢野）がいると練習が終わらない。頼むから（野球部を）辞めてくれ』って。矢野もそれが一番ショックだったみたいで、だから特にバックホームの練習なんかはずーっとしていましたね。そうやって人の何倍も練習したからこそ、あのプレーが生まれたと思う。一番練習したのは矢野だっていう想いがあったから、監督さんも最後に起用したんだと思っています」

★サード・星加逸人

「打球が上がったときは『あぁ、終わったな』と思いましたが、矢野からボールが返ってきてクロスプレーになったとき、直感的に『あっ、アウトや！』って思ったんですよね。だから僕、球審の手が上がってアウトってなる前にもうベンチに向かって帰ろうとしているんですよ。で、みんなは興奮して三塁側ベンチから飛び出して矢野を迎えに行って、逆に僕は（ベンチに一番近い）サードの位置からすぐ戻っているので、ベンチには監督さんと僕しかいない状況。そこでパッと目が合って僕は3秒くらい直立不動。澤田監督と僕の2人だけ、空白の3秒間があったんです（笑）。でも本当に戦争に行く人の気持ちじゃないけど、マツショーにおったら絶対に負けれんという想いがあって、あのときは死んだと思ったところから生き返った感覚だった。だから嬉しくて早めに帰ったんだと思うし、そこから矢野を出迎えに行きながら、ホッとしたのと矢野に対する『助けてくれてホンマにありがとう』っていう想いが込み上げてきましたね。そしてベンチ前で円陣を組んで座ったとき、それまでの日々が思い浮かんできて、自然と涙が溢れてきて……。号泣です（笑）。

思い返せば、僕が矢野に土下座をしたのはまぁ冗談っぽくというか、パフォーマンス的な意味も込みでやっていた部分があるんですが、でもやっぱり勘弁してくれよっていう想いはありました。あと、矢野は努力家ですごく真面目だけど自分をあまり出さない部分があって、高校生ながらにそれがもどかしいっていうのもありましたね。なんでもっと自分を出さないんだ、積極的に行けよって。実際、太田さんとかも自分を出さない真面目なタイプにはきつく当たるので、アイツはボロボロになっていましたよね。でも、それでも辞めなかったことがすごいと思うし、ずっと一生懸命にやっていた。あの送球も、普通ならいつものようにバックネットに突き刺していたと思うけど、キャッチボールをしていなかったことが逆に良かったのかな。でも偶然かもしれないけど、やっぱり最後はそうなるようになっていたんじゃないかなと思うんですよ」

★キャッチャー・石丸裕次郎

「究極の場面ですよね。一死満塁だから四球も死球もダメ。で、渡部はまだ制球力に少し不安がある。だからと言ってストレートを投げたら一発でやられるだろうなと思ったし、敬遠で8球連続もストライクを投げていない状況の中、初球にフォークを上手くコントロールさせるという自信もない。消去法でスライダーしかなかったんです。で、そのスライダーも引っ掛かると打者に当ててしまうリスクがある。だからあのときはそれこそ太田さんから教わってきた〝ひらめき〟で決めて、要求は真ん中低めのスライダー。できれば右方向に引っかけてゲッツーか、もしくはファウルになればいいな、と。そうしたら高めに浮いて、どうぞ打ってください、というようなコースに来て……。打球が飛んだ瞬間は『あぁ、負けちゃったな』と思いましたね。

ただ、そこから矢野が背走をやめて手前に戻ってくるのが見えたので、『あれ？ 捕れるんだ？』と認識しました。そしてセオリー通りに内野手へ中継するのかなという感覚で待っていたんですが、投げた瞬間にだいぶ上へすっぽ抜けたように見えて、また『あぁ、やっぱりダメか……』と。そう思っていたら、ボールがだんだん僕のほうに近づいてくるんですよね。あれ？　こっちのほうに来てるぞ……。来てる、来てる……。で、捕球しようとミットを出したところにちょうどボールが飛び込んできたっていう感じ。正直、僕自身はタッチもしていないんです。矢野が投げてきたボールを捕れるところに行ったら、そこになぜかちょうど走者が滑り込んできて顔付近がパーンと当たった。実際にも結構サード寄りの位置で捕っていて、あそこがたまたま最終地点だったというだけ。だから僕、いろんな人から『すごいクロスプレーをやったね』って言ってもらえたりするんですけど、『いや、違うんですよ。僕はただ頑張って捕っただけなんです』と（笑）。クロスプレーの瞬間の写真も何枚か出回っていますが、ドーンと接触した衝撃もあったのか、僕はしっかり目を瞑っていますからね。あとは成り行きでアピールしましたが、実際はとにかく捕るだけで精一杯だった。走者に当たった感触はあったけど、マジかよ、こんなことがあるのかって、自分でも信じられなかったですよ」

★監督・澤田勝彦

「本多君のスイングを見てまず『やられた』と思いました。ただ、すでに腹は括っているので諦めとか落胆とかではなく、ここまでやってくれた選手たちに感謝だな、こんな好ゲームをやらせてもらって最後も良い内容で終われて良かったなと。そんな心境だったんですよね。そして、これはいまだに思い出として語ったりもするんですが、あのときの映像は鮮明に覚えています。矢野から返ってくるボール、その白球だけが目にスーッと吸い込まれてくるようにハッキリ見えて、周りは白く曇ったような感じ。よく劇画とかマンガとかでは、1つのものをクローズアップするときに周りをあえて薄暮（日没後の黄昏）のように描くじゃないですか。まさにそれを体験している感覚で、人間って本当に1つのものに集中するとそういう映像が見えるんだなと。で、ボールがどんどん近づいてきながら今度はランナーの星子君が画面の横からスッと入ってきて、これはひょっとしたらって思った瞬間にアウトになったんですよ。あの飛距離でタッチアップがアウトになるなんて考えられないし、世にも不思議な出来事が起こっているような感じでしたね。

でも、やっぱりあのプレーは矢野の努力、生真面目さが花開いた瞬間だったと思います。チームメイトから『お前のせいで練習が終わらない』と厳しく言われながらも何本もノックをしてきましたし、最後は私も付き合い切れず、彼にボールを1ケース（100球ほど）渡して『これを全部バックホームしてから帰れ』って言ったこともあるんです。あんなに数多くバックホームを練習させた選手はいませんよ。まさか最後の最後であんなシーンが訪れるなんて思ってもいないですけどね（笑）。矢野の失敗はいつも上に投げてしまうことでした。松山商では、余計な進塁を防ぐためにもライナー性の低い軌道でカットマンに投げることが外野手の基本なんですが、彼は何度やってもそうならない。だから来る日も来る日も繰り返し、そのたびに叱っていました。ただ一度だけ、私が外野手を集めてこう言ったことがあります。

〈いつも矢野のプレーで『カットに返せ』としきりに言っているけど、逆に矢野のように外野手が1人で勝負をかけなきゃいけないシーンが1つだけある。それはサヨナラのケース、それも定位置より後ろの当たりだ。このときに関しては、本当に後ろから勢い

をつけて捕手にダイレクトで投げていい〉
優勝後の取材で矢野がその話をしたらしくて、後日、記者の方がわざわざ東京から私のもとへ事実確認を取りにきたことがあるんですが、実際に言った私ですらその話を聞くまで忘れていた。そんな小さなひと言も矢野はきっちりと覚えていて、忠実に遂行したんですよね」

★ライト・矢野勝嗣

「飛んでくる気配はありましたね。守備交代で出ていく途中、ファースト今井やセカンド吉見からは『飛んでいくぞ』『ライトに行くからな』と声を掛けられて返事をしながら走っていたし、ポジションに就いてからもセンター久米から『そっち行くぞ』『風も吹いているぞ。（バックスクリーンの）旗を見ろよ』と。もちろん本多君が良い打者だというのも分かっているし、ライトに来るだろうなと思っていました。打たれた瞬間は自分より遥か後方に行ったと思ったので、とにかく必死に追いかけた。風の強さや向きなどは確認していたので多少戻ることは分かっていたけど、それでも定位置より後ろ。そもそも本塁を刺せるギリギリの位置に守っていたので、これはやられたかなと。ただ捕って投げないことには試合が終わってしまいますから、ガムシャラに無心で投げた感じです。

でも、ノーバウンドで投げるっていうことだけは決めていました。絶体絶命のピンチでは一か八かのプレーも必要なときがある。サヨナラの場面では外野手が自分の判断で思い切ってノーバウンド送球をすることだってあるんだと、そんな話を澤田監督がしていたのを何か覚えていたんですよね。あのときは見事にそういう場面で、カットマンを使っても間に合わない。ワンバウンド送球でも間に合わない。じゃあ一人でノーバウンドだ、と。軌道としては上に行き過ぎたかなと思いましたけど、肩を作っていないあの状態からダイレクトで投げるってなると、あの角度しかなかったんですよね。

ボールがミットに収まるところは全然見えないですね。と言うか、僕のところからは本塁の位置も見えていないんです。じゃあどうやって投げたのかと言うと、セカンドとファーストがキレイに一直線上に並んでくれていたので、その軌道の真上を目掛ければ必然的にその先にはキャッチャーがいるだろうと。そういう感覚でした。中継のラインがちょっとでもずれていたら僕の送球もずれていただろうし、2人が一直線上にいなかったら、僕はどっちを基準にすればいいのか迷ったと思う。実際、石丸が捕球した位置がちょっとでもずれていたらセーフですから、みんなが並んでいるラインの上にノーバウンドで投げたらアウトになった、というだけなんですよ。だから投げたのは僕なんですけど、他の選手たちのおかげでもある。僕が打球を追いかけて捕って投げるまでの間に全員の中でいろんな動きがあって、その結果、普段の練習の賜物で中継のラインが一直線に並んでいた。それがなければ生まれていないプレーと言うか、誰か一人でも欠けていたらあのバックホームは成立しなかったと思うんです。

本塁付近でどうなったのかは見えませんでしたが、今井がワーッと喜んでいたのと球場全体の雰囲気でアウトになったことが分かりました。感覚的にはフライを打たれたときに自分の左側（一塁側スタンド）からウォーッと声援が上がって、僕が投げたら今度は右側（三塁側スタンド）がドーンと盛り上がったような印象。その対比と言うか、空気感はすごく覚えています。まさに甲子園が揺れるっていう感覚で。ベンチからもみんながが出てきて喜んでくれて、僕自身、そんな経験は今までになかったのでかなり興奮していました。あれは相当嬉しかったですね」

おそらく、バックホームがアウトになったこと、またそれが試合を左右するビッグプレーになったことは、本当に偶然でしかないのだろう。ただ「奇跡のバックホーム」そのものを1つのプレーとして捉えたとき、松山商が普段の練習からコツコツと積み上げてきた細かなこだわりが大きな成果として目に見える形で表れた、という典型的なケースだったのは間違いない。澤田も試合後、中継ラインが一直線に並んでいることなどはまだ知らない段階だったが、取材ではこう答えている。

「優勝したことも嬉しいけど、あのバックホームのとき、あの状況の中で、ピッチャーの渡部が全力疾走で的確なバックアップをやってくれていたことが何よりも嬉しいんです」

あの場面であれば普通、打たれた瞬間にサヨナラ負けを確信してマウンド上で項垂《うなだ》れていても仕方ない。あるいは動いたとしても、マウンドと本塁ベースの中間あたりでウロウロしているか、捕手の近くに何となくいるのが関の山だ。しかし渡部は一目散にダッシュをして、捕手の裏手に回ってバックアップを全うした。もちろん、石丸が送球を捕れていなかったら渡部がいくらカバーしようともセーフだっただろうし、バックアップがいてもいなくてもおそらく結果は変わらなかったのだろう。ただ、それでも渡部は細胞レベルで反応してそう動いたし、他の選手たちもやはり同じだった。そこまで染み付いていたということが、松山商の野球の質の高さを証明している。

そして、あの「奇跡」のプレーは不思議な縁も感じさせる。

ライト矢野から放たれた送球が、ダイレクトでキャッチャー石丸のもとへ。両者のキャッチボールによってプレーが成立したわけだが、この2人というのは実は2年秋に自ら志願して途中から寮に入ったという、前例にないパターンの選手だった。

矢野はもともと松山市内の自宅から通っており、学校までは自転車で20分程度。だが「自分の中での甘えを断ち切りたい」「野球に専念したい」との理由で、澤田のもとへ行って「寮へ入れてください」と頭を下げている。澤田が当時を回顧する。

「矢野は体が強いんだけど反面、生真面目な子にありがちな気の弱さと言うか、いざ試合になると力を発揮し切れない部分があったんですよね。良い意味でのいい加減さがなくて、期待したけど何度も裏切られる。でも何とか殻を破ってほしいと思って、練習のうちからかなり発破をかけていたんです。そうしたらある日突然、『寮に入れてください』と。私は撥《は》ね付けたんですよ。家から通えるのにわざわざ寮費を払うのは無駄だし、どこにいても野球に没頭はできる。家では親に甘えてしまうって言っても、それが分かっているなら自分で気をつければいいだけじゃないかと。ただ次の日も志願してきて、それでも断ったけど、また次の日も来て……。あぁ、これは本気なんだなと思ったので、そこまで言うなら、ということで了承しました」

矢野はこう明かす。

「日々、葛藤の中で練習していた感じでしたからね。特に周りからの『頼むからもう外れてくれ』とか『辞めてくれんか』はショックで、本当に辞めたほうがいいのかなとも思ったんです。でも何で同級生に言われなきゃいけないんだっていう悔しい想いもあったし、何度も失敗する自分にも腹が立ったし。そんな中で退路を断つと言うか、寮に入ることで自分を追い込もうと。そういう覚悟をして志願したんですよね」

矢野が寮入りを認められた数日後、今度は石丸が寮入りを志願した。こちらは矢野とは少し事情が違い、太田から受けた「下手なんだから家から通う時間も惜しんで練習しろ」のひと言で覚悟を決めていた。澤田は「何でも二番煎じはダメだ」「お前が入る余地はない」と、矢野のとき以上に強く撥《は》ね付けた。しかし、何度突き放してもやはりしつこく向かってくる。結局、ここでも澤田が折れた。石丸が言う。

「もともといた寮生には『1年時の下積みを知らないクセに』という反発心も少しあったようです。ただ実際、寮に入ってからは太田さんの家へ通ったりもして練習量も増えたし、結果的に良かったのかなと。僕はもともと中学軟式上がりで野球センスがあったわけでもないですし、下から何とか這い上がっていったという想いがある。その点では矢野も同じような境遇で、偶然にも誕生日が同じ（8月24日）だったりして、何かいろいろと通ずる部分と言うか、一緒に苦労して上がったという感覚があるんですよね。最後はその2人であいうプレーができたっていうのも、すごい縁だなと思います」

そして矢野もまた「僕は捕手だったけど、石丸に敵わないということで転々として最終的に外野へ行った。その石丸が最後に僕の送球を受けてくれたっていうのは感慨深いですね」。そんな2人の想いを〝野球の神様〟は知っていたのだろうか。

【奇跡のバックホーム／熊本工の証言】
★バッター・本多大介

「僕はもともと一死三塁から満塁策は取らないと思っていたので、（一番打者の）野田の打席では『いいなぁ』と。あの流れから行くと、おそらくサヨナラスクイズでヒーローになるだろうと思ったんです。でも捕手が立ち上がったのを見て、『あれ？　もしかして満塁策じゃないか？』って。自分まで回ってくるぞと思って、ちょっと泳いで捉えきれなかった前打席（8回裏のファーストライナー）にもすごく悔いが残っていたので、メチャクチャ嬉しかったですね。ピッチャーは代わっていたけど、渡部君は右サイドで左打席からは見やすいタイプ。敬遠2つでまともにストライクを投げていなかったし、満塁なので当然ストライク先行で来るはずだから、初球から逃さずに振っていこうと思っていました。

ライトの交代で少し間が空きましたが、あのときはもうとにかく初球に集中していて、自分の打席に入り込んでいましたね。で、実際はちょっと高めに抜けたスライダーだったと思うんですけど、ストレートのタイミングで振りに行った分だけ、ちゃんと捉えたけれども実はちょっとだけ泳いでいる。後になって考えてみると、やっぱりまだ少し強引に振っていたのかなと。あれが仮にファウルになっていて、打ち直すことができたならその後はかなり期待できたと思うんですけどね……。振り返れば僕はもともと右打者で、本格的に左打者として練習した期間はまだ1年半くらい。経験が浅かったっていうのもあるのかな。

まぁ、それでもバットの少し先ではあるけど上手く拾えたし、打球の角度も良かったのでライトの頭は越えるかなと思いました。ただ、甲子園はやっぱり風でフライが相当戻されますね。最終的に内野あたりまで戻ってきて直角に落ちるんじゃないかと思うくらいの勢いでしたから。バックホームを見たのは僕が一塁ベースに到達したあたりです。一塁走者の坂田がタッチアップの態勢に入っていたので、ちょうど2人で並ぶような形だった記憶がありますね。で、矢野君の手からボールが離れた瞬間、ものすごく上に向かっていって、自分の頭上をフワーッと通って捕手のミットにスポッと収まって……。クロスプレーの瞬間は星子の足が入っている感じに見えたので、僕はたしかガッツポーズをしていたと思います。そうしたら審判のアウトのジャッジ。だから呆然と立ち尽くしていましたよ」

★二塁ランナー・野田謙信

「本多が打ったとき、僕は二塁ランナーだったので三塁へのタッチアップに備えていました。離塁が早くならないようにだけ気を付けて、ずっとボールの行方を見ていましたね。で、矢野君が投げた瞬間に僕もスタートを切りましたが、送球が高かったので星子は本塁でセーフになれると思った。ただまさかミットに収まるとは……。ちょうどランナーのスライディングとキャッチャーの捕球がしっかり見える位置にいたので、判定はどっちかなと思ったらアウトになった。あぁ、やられたな……っていう感じでした」

★境秀之

「打球が良い角度で上がったので十中八九、勝ったと思いました。そもそも一死満塁になった時点で、僕は『この回で決まるだろう』と思っていたんですよね。だからそれまでは（ベンチ内でも）キャッチャー道具を身に着けていたんですけど、あのときはレガースとかプロテクターとかも全部外して、園村とキャッチボールもしないでベンチで見ていたんです。で、打球が上がった瞬間に勝ったと思って、（ベンチから勢いよく出ていこうとして）キャッチャー道具を後ろへ投げたんですよ。後で見たらフタが空いたクーラーボックスの中に氷と一緒に入っていました（苦笑）。それくらい、もう試合が終わったと思ったので、アウトになったときはなかなか状況が把握できませんでしたよね」

★園村淳一

「三番の本多に回った時点で勝ったと思って、（次の回に向けた準備の）キャッチボールなどもせずにベンチの中で見ていました。僕らは一塁側ベンチだったので、矢野君の送球はちょうど目の前を通過していった感じ。大暴投（悪送球）だと思ったのがちょうどキャッチャーミットに吸い込まれていって、タッチもしなくていいようなところに来て……。信じられなかったですし、そこからの気持ちの切り替えは大変でした」

★マネージャー・上木卓

「僕はスタンドで見守っていましたが、野田と坂田を敬遠してくれてラッキーと言うか、本多なら絶対に返してくれるという想いでした。もともと境や星子を中軸に据えてスタートしたチームですが、本多・西本・古閑が新しいクリーンアップとしてすごく伸びたと思うし、その中でも特に本多には信頼があった。打った瞬間は満塁ホームランだと思ったので、スタンドでは『よし！』『やったぞ！』っていう雰囲気でしたね。それが、本当に時間が止まったかのようにボールが戻り始めて……。足の速い星子がクロスプレーでギリギリのタイミングになったことも信じられなかったし、なおかつ判定がアウトだったので、何が起こったんだろうって、僕も周りもみんなフリーズしていました」

★チーフマネージャー・高波恵士

「松山商がライトを代えたということは、逆に言えば、そこに飛んでいくと思っているということ。だから僕らは勝利を確信していましたよね。ただ後になって思うのは、あそこで甲子園を知る澤田監督が潔くライトまで代えたのに対して、指揮官になったばかりで初めて甲子園に出た田中監督は最後まで慎重だったというか、采配の思い切りの部分でちょっとした差が出ていたのかなと。あの場面でウチが試合を決めるのであれば、僕は三塁走者を代えても良かったと思うんですよね。もちろん星子も足が速いんですけど、2年生の小田はそれに加えて細かい走塁技術もあった。より盤石の態勢を取って臨んでいたらどうだったのかなぁと。

また僕らはやるべきことを徹底してきたけど、松山商はそれ以上に当たり前のことをきっちりと徹底していました。9回に同点ホームランを食らってもその後をすぐ切り替えて抑えたし、10回のタッチアップの状況でもピッチャーがちゃんとベースカバーに入っていた。一方、ウチは星子がスライディングをしたときに（ランナーに指示をする）ホームコーチャーがいなかったんですよね。おそらく松山商ならそこまで徹底していただろうなと思う。そういう意味でも両チームには差があったと思うし、決して誰が良くて誰が悪いとかではなくて、最後の最後に徹底できなかった部分も含めて、あのときの熊工の選手たちが持っているすべてが表れた試合だったのかなって。

そして僕らは負けたわけでもないのに、タッチアップがアウトになった時点でチームの覇気が消えた。逆に松山商はあそこで覇気が倍以上になった。だから僕は『あぁ、終わったな』と思いました。そこから先は半分、意識がないような状態でスコアをつけていた気がしますね」

★三塁ランナー・星子崇

「一死満塁でライトが代わったことは分かっていました。風で打球が戻されるのであまりそっちに打ってほしくないとは思いましたが、やっぱり〝代わったところに飛ぶ〟ってあるんだなぁと。でも走塁面では特に慎重に行こうという意識はなかったし、何なら離塁がちょっと早すぎたんじゃないかと思うくらい。当時の僕としてはベストなスタートでした。唯一、〝たられば〟があるとすればスライディングで、上手く回り込めていたらどうだったのかなと。ただ送球が少し逸れてキャッチャーの石丸君がライン上に向かってくる感じだったし、次打者（西本）もバンザイをしていて本塁コーチャーがいなかったですから、回り込むのは難しかったかな……。その辺の緻密さが我々には足りなかったと言うか、まだ優勝には早かったのかなと思います。まぁでも、あの状況だったら少しでも早く本塁に到達したい。打球との距離感を考えてもやっぱり最短で真っすぐ突っ込みますよね。

タッチアウトになった瞬間は『嘘だろ？』って感じ。滑り込んだら目の前に突然ボールが現れて、キャッチャーミットが顔にぶつかって。何でアウトになったのか、考えられないですよ。今は当時の映像をよく見ますが、改めて見てもすごい返球だったなと思う。僕は当時、50メートル走5秒8で足にはかなり自信があったんです。しかも、ここが足りなかったとか、ちょっとした要素でも後悔があれば原因は分かるんでしょうけど、敬遠2つで時間がたっぷりあって頭の中も整理できていたし、走る準備もしっかりできていた。僕にできる一番のプレーをしたので、自分の走塁に悔いはないんですよね。ただ……やれることを全部やった上でのアウトだったからこそ、本当に悔しい。理由をいろいろ考えてもやっぱり、矢野君の送球がすごかったなと。それしかないんですよね」

松山商と熊本工の間に、野球の質における差があったのかどうかは分からない。現に熊本工も2回裏、4回裏、5回裏、8回裏、9回裏、10回裏……どこかの攻撃でふとしたきっかけをつかめていれば、松山商の粘りを打ち破ってあっさり勝てていた可能性は十分にある。本当に紙一重だったのだ。

ただ澤田が期待した通り、ハッキリと満塁策を示したことで本多にはほんのわずかな力みが加わり、それが微妙に飛距離を縮めた。また、当時は本塁上での捕手のブロックも禁止されていない時代。ケガを予防するという意味でも、田中は普段から「本塁には最短距離で足から真っすぐ滑り込め」と徹底させていたのだが、のちに「普段からヘッドスライディングさせていればなぁ……」と悔やんでいたという。この「奇跡」のプレーによって松山商の歯車がついにガチャンッと噛み合い、優勝に向かって大きく強く突き進んでいけたのはたしかだろう。

守備に就こうとする熊本工の選手たちの足取りは重かった。高校野球は特に攻守交代の時間も短い。「もちろん守備に集中しなきゃいけないのは分かっているんだけど、あれだけショックを受けた精神状態からすぐに切り替えるっていうのは、高校生では無理かな」と星子。熊本工の選手たちは、明らかに動揺を隠せていなかった。

一方、ベンチ前に円陣を組んだ松山商の選手たちは、澤田に促されてスッと静かに座り込んだ。

「まずはみんな落ち着け。良かったじゃないか。こんな舞台で長くできるんだから楽しんで頑張ろう」

そんな澤田の言葉によって、浮き足立ってしまいそうな心をしっかりと落ち着かせる。このあたりも松山商の試合巧者たる所以だろう。

誤算

「初球だったんですよね」

澤村はそう言って悔しそうに振り返る。

11回表の松山商。先頭打者はもともと「八番・新田」の打順であり、「奇跡」を起こした直後の矢野が打席に入った。気合十分に大きく吠えてから構える。そして初球、カウントを取りにいく園村のカーブを捉えると、打球は鋭いライナーで澤村が守るレフトへと飛んでいった。

ここで、だった。目測を誤った澤村が打球を後逸。矢野は一気に二塁を陥れた。10回裏から一転し、今度は松山商が勝ち越しのチャンス。記録はヒットとなったが、思い切り突っ込んでノーバウンドで捕りに行くか、それともしっかりワンバウンドさせて落ち着いて処理するか。澤村には迷いがあったように見えた。

「タッチアップがアウトになって、嘘だろっていうショックは引きずっていたと思います。気持ちの切り替えができていない中での初球で、中途半端に突っ込んでしまった。スタンドの観客の姿と重なって1歩目も遅れたんですけど、それも集中力が足りなかった部分です。しかもグラブにちょっと触れているんですよね……。しっかり切り替えていれば捕れた打球だったと思いますし、大きなミスをしてしまって申し訳ないっていう気持ちはずっと抱えていた。今でも後悔が残っていますね」（澤村）

思い切り突っ込んでいれば悔いはなかっただろう。また、潔く諦めたとしてもワンヒットで止めていれば、その後の複数失点は防げたかもしれない。澤村は「あれ以上に落ち込む場面ってなかなかない」と語る。

一方の矢野。あのバックホームの直後、ベンチに帰ると新田から「次、矢野さん（の打順）です」と声を掛けられた。そして興奮状態のまま、その場にあったバットとヘルメットをパッと取って打席へ向かう。このときの裏話を新田が明かす。

「10回表に僕の手前で攻撃が終わったので、僕はバットとヘルメットをそのままベンチに立て掛けていたんですよね。で、矢野さんが打席に立っている姿を見たら、いつもと違うバットを持って構えていて……。矢野さん、あまりにも興奮していて、僕のヘルメットを着けて僕のバットで打っていたんですよね（笑）。ツーベースになってベース上でワーッと喜ぶ映像をあとで見たら、ちゃんとヘルメットの後ろに〝10（新田の背番号）〟って書いてありました」

ただ、それが結果的に良かったのかもしれない。新田のバットの長さは他の選手よりも短い83センチで、矢野のバットはたしか85センチ。普段よりも短いバットを使い、しかもそれをひと握り余らせたことで、スイングはよりシャープになっていたと考えられる。矢野が言う。

「もともと僕が決勝で打席に入るという想定をしていないので、ベンチのバット置き場に僕のバットは入ってなかったと思うんです。だから、とにかくその場に準備されていたものを持っていった。違うバットだからコンパクトに打てたっていうのはあるかもしれませんね（笑）。あと僕の中では、バックホームから二塁打までが全部つながっているようなイメージなんですよね。起用されていきなり打球が飛んできてバックホームをして、興奮して帰ってきて、訳も分からず打席に立って打った。投げたところから打つまでの2球が一連のプレーというか。今で言うところの〝ゾーンに入る〟っていう感覚なんでしょうね。初球がボール球だったらおそらく僕も冷静さを取り戻して打てていなかったでしょうし、興奮していたのが逆に良かったんだと思う。勢いに乗っかることができました」

思えば、澤村の積極的な姿勢が奏功した9回裏の同点アーチも、矢野が必死にバックホームをした10回裏の劇的ダブルプレーも、そして「奇跡」を起こした2人の明暗をハッキリと分けた11回表のこの二塁打も――すべて初球の出来事だった。どんな準備を整えてどんな心理状態で1球目を迎えるか。野球界で決まり文句のようによく使われる「入りが大事」。その言葉の重さを大きく痛感させられる試合でもあった。

さて、こうして無死二塁だ。続く九番・深堀は6回表に同じ状況で走者を三塁に送ることができなかった。それだけに「ここでバントを決められなかったら生きて帰れないという心境でした」（深堀）。今度はきっちりと〝初球〟でサードの前に転がして犠打成功。一死三塁とチャンスを広げた。そして打順は一番・吉見。ここで熊本工は三塁走者の動きにも注意しながら、ベンチからの指示で敬遠策を取る。二塁打、犠打、敬遠という流れは10回裏とまったく同じ状況。ただ熊本工が松山商と違ったのは、次に二番・星加との勝負を選択したことだ。

これは普通に考えればごく自然な作戦でもある。松山商の場合はサヨナラ負けのピンチだったから是が非でも1点を阻止しようと潔く満塁策を取れたが、熊本工はまだ裏に攻撃が残っている。1点を防ぐことにこだわって無駄に塁を埋め、結果的に大量失点になってしまったら元も子もない。まして満塁策を取ったとしたら、対戦するのは最も警戒していた三番・今井。しかも初回に押し出しを連発している園村に対して、あえて満塁で勝負させるというのもリスクが高い。それならばその前に勝負しようと考えるのは当然だし、もし失点しても1点に留められればまだ逆転は十分に期待できるはずだ。

ただし、吉見との勝負は分が悪いというのが田中の見立て。ならば1人だけ歩かせて松山商に満塁策の可能性も少し匂わせつつ、次の星加で本塁封殺かあわよくばゲッツーを狙おうと考えた。また、万が一スクイズを仕掛けてきたとしても、園村と境のバッテリーは阿吽の呼吸でスクイズを外せる技術を持っている。準決勝（前橋工戦）の「スクイズ外し」でチームとして嗅覚に長けていることも証明済みだ。野田が説明する。

「僕と坂田の二遊間を中心に二塁封殺でゲッツーを狙いに行って、それが無理な場合は本塁でアウトを狙う。ウチはそういう野球で勝っているチームだったんですよ。特に一死一・三塁での打球判断なんて、普段から延々と練習をさせられてきましたし、僕らはそこに絶対的な自信があった。だからそういう選択をしたんです」

だが1つだけ、大きな誤算があった。

吉見が歩かされたとき、松山商のスタンドでは応援に来たOBたちが口々にこう言っていたという。

「やった、これで確実に1点だ!」

そして、星加の打席で取った作戦は〝セーフティースクイズ〟。松山商のお家芸だった。

今でこそ当たり前になっているが、当時の野球界にセーフティースクイズという作戦はほとんど浸透していない。打者が送りバントやセーフティーバントの要領でコースを考えながら確実に転がし、その打球を見て三塁走者が本塁に行くかどうかを判断する。つまり確実に生還できるゴロだけスタートを切るわけだが、その有効性はあまりよく知られていなかった。星加のセーフティースクイズを見た当初、三塁走者がスクイズのサインを見落としてスタートが遅れたもの、あるいは打者が単独でバントヒットを狙ったものだと認識した人もいたのではないか。

しかし実際には、松山商はセーフティースクイズを何度も練習で繰り返し、打者のバットを構えるタイミングや打球を転がすさじ加減、また三塁走者の動き方や打球判断のポイントまで、連動してプレーできるように徹底的に叩き込んでいた。この戦法を考案して世に広めたのが実は窪田だと言われており、澤田はそれを松山商の伝統としてしっかりと受け継いでいたのだ。そして11回表には、まず一死三塁の時点でセーフティースクイズのサインを出した。だから実際、吉見は初球にバントの構えを見せている。敬遠だと分かってからはひとまずサインを取り消しているが、これで走者は一・三塁。ファーストが一塁走者をケアしなければならない分、セーフティースクイズが決まる確率は格段に上がる。松山商ＯＢたちが得点を確信していたのはそういうわけだった。

澤田が当時の心境を語る。

「吉見を敬遠したとき、ウチはオモテの攻撃だから一打サヨナラの場面じゃないのに田中監督はどうしようと思っているのかなって、一瞬考えたんですよね。まさか星加まで歩かせて今井と勝負っていうことはないだろうと。じゃあ、おそらく吉見のスクイズを警戒しながら歩かせて、星加との勝負でゲッツーを狙っているのかなと。でも、こちらにしてみればわざわざ一・三塁にしてくれたことが逆にラッキーだった。セーフティースクイズが余計に決めやすくなりました」

そう言えば星子が「最悪、1点取られるのは仕方ないっていう場面なので、余計な走者を出すよりも一死三塁から一番打者とそのまま勝負でも良かった気がする」とこぼしていた。結果論にはなってしまうが、たしかにそうしていたら11回表は「吉見のセーフティースクイズによる1失点」だけで済んだのかもしれない。

お家芸・セーフティースクイズ

星加のセーフティースクイズもまた〝初球〟だった。

熊本工はゲッツー狙い。当然ながら一塁走者の盗塁は防がなければならず、スタートも遅らせたい。だから、まずはやはり一塁けん制を入れる。ここまでは良かった。しかし園村が打者に投じたスライダーは外角高め、右打者がバットを当てやすい位置にフワッと浮く。星加が一塁側へプッシュすると打球は強めに転がり、それを見てスタートを切った三塁走者の矢野がホームイン。さらに星加も快足を飛ばし、一塁へ頭から滑り込んでセーフ。鮮やかな攻撃で勝ち越しの1点が入った。

先に述べたように星加は〝つなぎ〟を求められる二番打者でありながら、実はバントが苦手だった。現に1回戦（東海大三戦）でも送りバントとスクイズをそれぞれ失敗。それもあって9回表の一死三塁ではヒッティングとなったわけだが、あっさりと初球を打って凡退している。だからこそ、11回表は指揮官として判断に迷うところでもあった。

澤田は吉見がボール球を見送っているとき、待機する星加に声を掛けた。

「初球、セーフティースクイズ行くか」

その言葉に一瞬ギョッとしながらも、「ハイ！」と返事をする星加。しっかりとした口調とその表情を見て、澤田は「これなら大丈夫だな」と確信したのだという。

星加は理想的なバントを決めて期待に応えた。

「矢野のバックホームもそうだけど、あのセーフティースクイズのときも周りの動きやボールがスローモーションに見えたんですよ。で、そこにバットを出していった感じ。

たぶん〝ゾーン〟に入っとったんでしょうね（笑）。まぁでも走者一・三塁でのセーフティースクイズの練習は相当やってきましたし、自信もあった。浮いた変化球だったから余計にやりやすかったと思いますが、バントへの苦手意識だとか、決まるかなぁっていう不安だとか、そういうことがまったくなかったんですよね」（星加）

そして、三塁走者の矢野も好スタートを決めた。「犠打で三進して三塁コーチャーの吉田と言葉を交わしたとき、ようやく興奮状態が収まってきた。声を掛けてもらったおかげで落ち着いて冷静に判断できました」と語る。

吉田はもともと秋にはレフトのレギュラーで試合に出ていたが、向井の外野手転向によって控えに回り、春夏の甲子園ではいずれも「背番号13」。2ケタの背番号をつけていた唯一の3年生で、2年生ばかりのベンチ内を明るくするムードメーカーでもあった。さらにこの決勝では伝令役としても、三塁コーチャーとしても重要な場面に関わっている。

大阪府出身で、当時のメンバーの中ではただ一人の県外生。覚悟を持って入学してきた吉田に対するチームメイトからの信頼は厚く、矢野は「試合に出られるかどうかという僕と似たような立場で、お互いに通ずる部分もあったのかなと。自分が途中交代で引っ込んだときなどは声を掛けてフォローもしてくれた。相談にもよく乗ってくれるタイプで、精神的な支柱でしたね」と言う。そんな吉田の存在が矢野の好走を引き出していたのもまた事実だ。

さて、見事なコンビプレーでついに1点を勝ち越した松山商。一方、一死一・三塁での守備に自信を持っていた当時の熊本工だったが、セーフティースクイズという発想はまったくなかったという。

「初めてやられる戦法だったので、あのときは全員が対応に遅れているんですよね。ファースト（本多）のプレスも遅れているし、セカンド（坂田）のベースカバーも遅れているし、まったく想定できていないから中途半端な動きでオールセーフにしてしまった。せめて一塁はアウトにして最少失点に抑えておけば、まだ試合は分からなかったと思うんです。僕らがずっと練習してきた〝ピンチ抜け〟ができませんでしたね」（野田）

想定外だったのは選手だけではなかった。

澤田は大会後、高校日本代表の監督としてアメリカ遠征（世界4地域親善高校野球大会）に行っているが、田中もそこにコーチとして帯同している。合流するとすぐ2人で甲子園での対戦の話に花を咲かせた。その中でも一番の話題に上がったのが、実は星加のセーフティースクイズのシーンだった。

「一・三塁にした後で熊本工は伝令を送っているんですが、田中監督はそのときに『初球のスクイズはないから』って伝えたらしいんですよ。で、初球は変化球でカウントを取りにいった。それはそうですよね。あの状況だったらもしかしたら満塁策を取るかもしれないわけだし、さすがに打者も初球は様子を見てくるだろうと思うはずですから。ところが、まさかセーフティースクイズがあるとはなぁ……と。どうやらスクイズだけしか警戒していなかったみたいで、本当に『してやられた』と言っていましたね」（澤田）

実際、境も「田中監督から言われていたのは、強豪は初球に様子を見て2〜3球目でスクイズを仕掛けてくるものだと。とにかくスクイズを外すタイミングだけ計っていた」と言う。そして「初球は（確実に何も仕掛けてこないという想定のもとで）ストライクを取りに行った。そこを狙われましたね」と園村。2回以降を無失点に抑えてはいたものの、決してコントロールが利いていたわけではない。バントの構えを見て咄嗟に外そうとはしたが、ストライクゾーンから少し外すくらいが精一杯だった。

　これは仮説だが、もしも松山商が「セーフティースクイズ」ではなく「スクイズ」を選択していたら、おそらく園村はしっかりと外せていたのではないか。

　セーフティースクイズはストライクだけを狙えばいいため、打者がそれぞれ自分なりに落ち着いてバントしやすい構えを取ればいい。一方でスクイズは三塁走者がすでにスタートを切っており、すべての球に対応しなければならないのだ。打者は「ギリギリまで悟らせないように」という意識を持ちながらも、どうしても構えが早まって慌ただしくなる。対応力のあるバッテリーであれば、そんな雰囲気にピンと気付くケースはわりと多い。そういう意味では、星加の構え方は「勝負を懸けたスクイズ」と言うよりも「落ち着いて仕掛けたセーフティーバント」の印象が強い。通常のスクイズよりもほんの少しだけ構えるのが遅かった分、園村が外し切れなかったということもあるのかもしれない。

　初球に仕掛けてきたこと。作戦がセーフティースクイズだったこと。星加が一塁セーフになったこと。これらの〝想定外〟は熊本工に大きな動揺を与えた。続く打者は最も警戒していたはずの三番・今井だったが、2ボールから外角を狙ったカーブが左打者の肩口から甘く入ってしまい、ライナーでライトフェンス直撃の二塁打。ダメ押しの2点を献上した。

これも「たられば」だが、星加を一塁でアウトにできていれば二死二塁。熊本工バッテリーには「四球で歩かせてもいい」という余裕ができるため、追加失点は避けられた可能性が十分にある。だが実際は一死一・二塁と走者が詰まっており、今井とは勝負するしかなかった。しかも、打たれたのは「肩口から入らないようにだけは気をつけよう」と注意してきたカーブ。「気持ちで抑えてきた」という園村にダメージを与えたことが最後の最後で、大きなコントロールミスを誘発した。そういう意味でも、勝負の分岐点はやはりセーフティースクイズだろう。

星加は「僕が活躍するとその直後に今井が必ず打つので、いつもオイシイところを持っていかれるんです」と冗談交じりに言う。たしかに松山商の勝ち越しのシーンでは、「弾丸ライナーでスタンドに入ったんじゃないか」と思わせるほど強烈な当たりだった今井の2点タイムリー二塁打のほうが印象は強い。また追加点がなく4対3の1点差で11回裏に入っていたら、熊本工の反撃もあったかもしれない。ただ、この試合の決勝点はセーフティースクイズで取った4点目だ。さらに今井も「満塁策で僕と勝負っていうのを考えていたのでもともと集中はしていたけど、その前に1点取れたことですごく楽に打席に入れた」と言うから、やはり星加のプレーが勝利の引き金になっていたことは間違いない。

そして今井の打席でスコアは6対3となった。ファーストを守っていた本多は「風に負けてしまう僕のヒョロヒョロ打球とは違って、頭上を通り越したライナーがそのままフェンスにガチャンッと。あのパワーが欲しかった」と悔しがる。「あれで完全にガックリと来た」と話すのは境。今井本人は「小・中学校に続いて高校でも、やっぱり最後の打席で打てた。良い形で終わることができて良かったですね」。勝負は決した。

死闘の決着

今井の一打で熊本工はついに投手交代を決断した。園村に代わって村山がマウンドへ。

依然として一死二塁のピンチだが、四番・渡部を1球でレフトフライに討ち取ると、五番・石丸からは伸びのあるストレートで空振り三振を奪った。

球威で圧倒できるタイプの村山を早めに投入できるチャンスがあれば、試合はまた違った展開になっていたのかもしれない。たとえば同点に追いついた直後の10回表からの継投策も考えられなくはないし、あるいは選手たちがショックから立ち直れていない11回表の先頭に起用して、少し間を置くという手もあった。ただ、それもまた結果論。高波が言う。

「園村を代えるに代えられないところはあったと思います。でも村山があれだけ球威を出せたのは、3点取られて吹っ切れた感があったからだとも思う。気持ちは強いタイプだけど、同点のままマウンドに上がっていたらあそこまで力を発揮できていなかったかもしれない」

そもそも継投策が難しいのは、投手の立ち上がりにこそ試合が動く要素が多く含まれているから。澤田が言うように「先に動いたほうが負ける」というのもやはり正論だ。

6対3で迎えた11回裏は、石丸いわく「油断はもちろんできなかったけど、このままの流れで行けるぞっていう雰囲気だった」。熊本工の先頭打者、西本が打ったゴロは途中でバウンドが変わり、ファースト今井が弾いて出塁（記録はエラー）を許した。だが松山商の守備陣は落ち着いていた。リードが3点あったことも大きく、また10回裏の大ピンチを凌いだ直後、渡部は今井から「今のうちに（肩を）作っといてくれよ」と言われてブルペンに向かっている。3点を追加した後の自身の打席は正直なところ、早めにアウトになって攻撃は次打者の石丸に任せ、自分は投球に専念すればいいという感覚。「しっかりと準備できたので最後（11回裏）は冷静に投げられた。先頭打者が出ても気負わずに普段の投球ができました」と渡部は言う。

無死一塁から熊本工は左の代打・木下智博を送るがファーストゴロ。走者の二進こそ許したものの、今度は今井が慌てずに処理した。続く打者は六番・澤村。しかし、この試合通算3度目の「奇跡」は起こらなかった。

「そのときはもう、次につなぐというよりも『守備のミスを何とか取り返したい』という想いが強かったですね。でも積極的には振ったけど、外のボール球のスライダーにくっついて行ってしまい、泳がされ気味のレフトフライ。やっぱり野球は甘くないなと。

3点差だから走者を溜めていくしかないんですが、粘りの部分が足りなかった。だから最少失点に抑えること、何とか1点差で粘ることの大切さっていうのも感じました」（澤村）

二死二塁。そして、試合はついに決着の時を迎えた。

打席に入った境が際どいコースを突く渡部の投球を見極め、フルカウントまで粘る。しかし最後は外角低めのスライダーに反応し、ハーフスイングで三振。渡部が両手を突き上げ、マウンド上にはあっという間に松山商の歓喜の輪が出来上がった。

今井は「ホッとした想いが第一でしたね」と言う。

「やっと終わった……と。あとは県大会決勝のときに星加に抱きついたんですが、勢いよく行きすぎて僕の顔がアイツの肩かヒジか手かどこかにぶつかって、たしか唇を切ったんです（笑）。だからちょっと遠慮しながら走って輪に加わりました」

星加は「感情としては10回裏のバックホームのところがピークだったので、安堵しかなかった」と振り返る。優勝決定の瞬間はやはり今井と抱き合い、お互いに「またお前か」と言って苦笑した。新田は「10回裏は自分のせいで負けると思ってかなり青ざめていたので、矢野さんのバックホームがあって、助かったぁ……と。で、試合終了時はホッとした感情もありながら、やっぱり最後まであのマウンドに立っていたかったなって、少し冷静な部分もありましたね」。そして矢野も「最後は全身の力が一気に抜けた感じ。優勝の瞬間をポジションに就いて迎えられたことが嬉しいなと。とにかくそれだけでした」。最後まで何があるか分からない。そんな心境で戦っていたからこそ、優勝後もどこかで自分たちを客観視できていたのかもしれない。

一方の熊本工。境は最後の打席について「何を思っていたのか覚えていないですね。それほど11回表の3失点は大きくて、望みを断たれていたと言うか。あんな敗北感は今までになかった」と回想する。次打者として待機していた星子は「打つ自信もあったし、10回裏に僕がアウトになったのも頭にあって、ずっと『回してくれ』と思っていました。走者2人で僕に回って、長打で2点返してなおも二死二塁とか二死三塁とかなら、面白い展開だったと思うんですけどね……」。目の前にぶら下がっていた優勝旗がスルリと逃げていったという喪失感。選手たちは打ちひしがれたまま整列に向かった。

延長11回、3時間5分の死闘。球史に残る〝伝説の試合〟はこうして幕を閉じた。

熊本工との決戦を制して松山商ナインによる歓喜の輪ができる

甲子園の歴史の中でも名勝負のひとつとして語り継がれる決勝戦に勝利し、松山商27年ぶりの優勝へ導いた澤田監督。大正、昭和、平成すべての時代で優勝をする偉業を成し遂げた

第六章

奇跡のあと

敗者の〝その後〟

決着がついたあとの両ベンチでは、さまざまな言葉が交わされていた。たとえば優勝投手となった渡部は、新田を見つけて「お前、最後まで行けやぁ（笑）」と冷やかす。勝者だったから、そうやって笑い合って終わることができた。

一方、敗者のほうでは澤村が人目も憚《はばか》らず号泣していた。3年生たちはみな「気にすんな」「来年頑張れよ」と声を掛けてくれた。リリーフした村山からは「お前が同点弾を打ってくれたから最後に俺が投げる機会が回ってきたんだよ。ありがとう」。言葉から温もりが伝わってくる。だからこそ、余計に涙が溢れてきた。

歓喜と落胆。勝負が紙一重であればあるほど、優勝と準優勝の差はより大きく実感するものだ。

そんな中、熊本工側では境が田中からこんなことを言われている。

「ほらな。俺が言った通り、お前ら強かっただろ？」

このチームは強い。以前にそう言われたとき、境は「いやぁ、本当にそうですかねぇ」と返していた。その答え合わせを披露しながら、田中はニコニコと笑ってみせたのだ。境は「田中監督と過ごしたことは僕にとって大きかったし、本当にすごい人でしたね。熊工で出会えたチームメイトやスタッフと一緒に野球をやれたこと。これは僕の財産です」と言い切る。

ただ、田中も内心は相当悔しかったはずだ。熊本県勢初となる「夏の日本一」に王手をかけ、実は試合前には過去2度の準優勝を経験した〝神様〟川上哲治から電話で激励も受けていた。しかし惜しくも〝川上越え〟はならず。社会人野球でも優勝と準優勝をどちらも経験しており、決勝で負けることの屈辱感はチーム内で誰よりも分かっていた。

だからこそ、秋からスタートした新チームでは「優勝と準優勝の差はすごく大きい。そこを越えなきゃいけないんだ」とよく話していたという。澤村や小田、松村ら1996年夏のベンチ入りメンバー5名のほか、のちに日産自動車でプレーして社会人を代表する選手となった2年生外野手の吉浦貴志などもいて地力のあったチーム。だが県の上位まで上がることはできず、学校創立100周年となった澤村の3年夏も県大会準優勝に終わった。田中が率いた5年間では結局、熊本工が甲子園に出場できたのはこの夏だけだ。

準優勝というのは最後に負けた1チームであり、言ってみればその大会における「敗戦チームの象徴」としてのイメージを背負うことになる。選手たちもまた当然、その悔しさは痛感していた。

「閉会式では最後に行進しながら外野をグルッと1周したのを覚えています。あのときの心境……、準優勝って嬉しくないですよ。周りからは『おめでとう』っていう言葉をいただいて『ありがとうございます』とは返すものの、やっぱり優勝していないので素直に喜べない。最後まで投げ切りたかったですし、勝ちたかったですね」（園村）

「負ける要素がないと思っていたところでの敗戦だったし、僕の中ではとにかく目の前の試合に負けたことへの悔しさ。あとは大会を通して不甲斐なかった自分に腹を立てていました。閉会式は複雑でしたね。宿舎に帰ってからは特に長いミーティングをしたわけでもなく、田中監督からは『お疲れさん』とひと言。で、関係者とか地元のメディアの方々も入れて、みんなでバーベキューをして終わりました。ただやっぱり決勝の前日

閉会式では主将・野田が準優勝盾を手に悔しい
表情をにじませ球場内を１周した

はすごい数の報道陣だったのが、負けた後は取材してくれるのが3～4社くらいに……。寂しいものだったし、負けちゃダメなんだなって。試合の翌日、熊本へ帰るとかなりのフィーバー状態になっていてパレードもしたんですが、僕らは準優勝ですからね。負けているのになっていう想いがあって、周りとはちょっと温度差があったかな」（野田）

「本当に目の前に優勝があって、勝てる試合を落としただけに悔しさしかなかったですね。試合後は取材もすごかったと思うんですけど、ほとんど覚えていないんですよねぇ……。報道陣も僕に対しては気を遣ってくれていたんだと思います。翌日はパレードがあって1万人くらい集まって、ちょうど僕の誕生日だったので『どっちのおめでとうなんだろう』って（苦笑）。今考えればすごくありがたいことなんですけど、当時、あんまりやってほしくないなと思ったのは覚えていますね」（星子）

そんな想いを抱えながら、熊本工の選手たちは次のステージへと進んでいった。

特筆すべき点がある。当時のメンバーには、高校を出てそのまま社会人野球に飛び込んだ者が多かった。園村は本田技研（現・Honda）、星子は松下電器（現・パナソニック）、西本は新日本製鐵八幡。古閑もニコニコドーへ入り、住友金属や住友金属鹿島（現・日本製鉄鹿島）へと転籍してプレーを続けた。今ほど企業チームの減少が叫ばれていない時代とは言え、やはりプロに近いレベルで戦う世界。もちろん田中の人脈の広さもあるのだろうが、大卒ではなく高卒で入社するというのはかなりの狭き門であり、彼らはそれほどまでに素質や技術を認められていたということだ。また〝田中野球〟を淡々と実践できていたことがある意味、「社会人のレベルでもやれる」という裏付けにもなっていたのだろう。

そして大学進学組も続々と強豪へ。境と坂田は東洋大学、村山は九州東海大学（現・東海大学九州キャンパス）。野田は明治大学で4年春にセカンドのベストナインを受賞している。さらにその後は、やはり社会人のトヨタ自動車でプレーした。

青山学院大学へ進んだ本多は3年春、1学年下の石川雅規（現ヤクルト）らと全日本大学選手権で優勝を果たした。舞台は違えども3年越しに叶えた悲願の日本一。本多はこう語る。

「甲子園の準優勝はやるだけやった結果。最後に打てなかった悔しさはあるけど、わりと納得はできていたんです。ただ僕、実は小さい頃からキャッチボールとかをよくしてくれていたじいちゃんが中学時代に亡くなっているんですけど、10回裏のあの打席に入る前、歓声が一瞬だけシーンとなった場面があって、なぜかじいちゃんが来たような気がしたんですよね。で、『あぁ、見に来てくれたんだな』と思いながら打席に入って、結果はライトフライ。でものちのち考えてみると、試練を与えに来たのかなって。あそこで普通に犠牲フライが成立して優勝していたら、僕はその後に野球を続けていたかどうか。満足するなよって言われたような気がして、そこから絶対に日本一になるんだという目標を持つようになったんです。そういう意味では、やっぱりあの試合があったから大学で日本一を経験できたのかなって、僕はそう思っています」

卒業後は社会人のJR九州でプレーし、引退後は社業に専念した。「誰か人と会うとき、周りから『コイツ、あのバックホームのときの打者なんですよ』って紹介されることも多いんですが、それで話がスムーズに始まるのでありがたいんですよね」と笑顔を見せる。

彼らの2学年下、いわゆる「松坂世代」にあたる澤村は99年に法政大学へ進学。4年秋にはセカンドでベストナインを受賞した。また日本通運では、吉浦と同様に社会人ベストナインや日本代表入りを果たす。目標のプロ入りこそ叶わなかったものの一流のステータスである「都市対抗10年連続出場」の表彰も受けるなど、球界を代表する選手となった。そして2015年限りで引退後は社業に就いていたが、20年に現場復帰。監督に就任して指導者人生をスタートさせている。

澤村は今も「伝説の試合で同点弾を放った1年生」として取材を受けることが多い。そこについてはどう捉えているのか。

「自分としては何も意識せず、常に目の前の野球と向き合ってきたつもりです。だからこそ、現役時代などは『まだあのときのことを言っているのか』っていう想いがありましたね。活躍した人ってみんなそうなのかもしれないけど、やっぱりそれ以上の姿を見せないと世間一般の記憶は更新されていかない。自分はもっとすごいことをしなきゃいけないんだというプレッシャーはずっと感じていて、イライラしながら野球をしていた時期もありました。ただ、そんな経験も今となっては生きています。それにあの試合が教訓になったのかは分からないけど、いま僕が指導者として選手によく伝えているのは、やっぱりファーストストライクを積極的に振っていこうとか、切り替えが大事だとか、打たれても1点までなら何とかなるんだ、と。その大切さは身をもって感じています」

目下の目標はもちろん、社会人野球での日本一だ。「(都市対抗で優勝している) 田中監督には何とか追いつきたいですよね」。澤村はそう言って目を輝かせる。

勝者の〝その後〟

いったん映像を当時に戻そう。

27年ぶり5度目となる夏の全国制覇を果たした松山商。優勝インタビューのお立ち台には主将の今井とともに、勝利の立役者となった矢野が上がった。それまでの活躍を思えば投手の新田、あるいは投打に貢献した渡部あたりが呼ばれてもおかしくはない。だがバックホームの1球で試合の流れを変え、そして直後に勝ち越しのホームを踏んだ矢野の存在は、やはり見る者にとてつもないインパクトを与えていた。

「閉会式あたりからはもう気持ちもある程度落ち着いていましたけど、1ケタの背番号を着けていながらそれまでに取材を受けた経験なんてほとんどなかった。だから、これ

「奇跡のバックホーム」が導いた27年ぶりとなる
夏の栄冠。宿舎で記念撮影をする松商ナイン

が自分なのかっていう不思議な感じはありましたね。でも本当に松山商で3年間やっていて良かったなと。優勝できたのも日々の練習があってこそだと思いますし、僕の場合はやっぱり最後のプレーにすべてが集約されているんですよね」（矢野）

矢野がグラウンドでプレーした時間はほんのわずかだった。バックホームが守備に就いたばかりの初球で、二塁打も攻守交代になった先頭打者の初球。走塁を除けば、直接ボールに関わったのは2球のみだ。

しかし、その2球が矢野の人生を大きく変えた。一躍〝時の人〟となり、地元へ凱旋すると祝福の嵐。さらに星加いわく「あの優勝以降、矢野は性格まで変わったと思います。真面目で堅かったのが良い意味で砕けたと言うか、キャラが明るくなったんです」。

矢野にも自覚はあるのだろうか。実際に聞いてみた。

「たしかにそうだと思いますね。高校時代は物事をネガティブに捉えるというか、考え込むことが先行してしまうタイプ。いろいろ考えて初球に手が出ないとか、思い切ったプレーができないっていうことも多くて、だからひと皮剥けないんだとよく怒られていました。監督もチームメイトもそのあたりを歯痒《はがゆ》く感じていたと思うんです。でも決勝のバックホームで僕は吹っ切れたというか、考えるよりもまず体が動いた。そういう意味では、余裕のない状況だったことが逆に良かったと思うんですよ。もし満塁策の最中に監督から『キャッチボールしとけよ』なんて言われていたら、冷静に考えすぎてタッチアップまでは対応できなかったかもしれない。バッティングにしても初球がボール球だったら、いったん落ち着いて余計なことを考えてしまっていたかもしれない。すべて目の前の1球1球でプレーできたのが良かったんだと思うし、そこが性格的に殻を破れた部分でもあるのかな」

卒業後は地元の松山大学へ進み、硬式野球部でプレー。3年春、今度はしっかりと外野のレギュラーを勝ち取った。さらに4年時は主将となり、四国地区大学春季リーグで優勝して全日本大学選手権に出場。大学でも全国舞台に立っている。その後は「今度は逆に取材する側に立ってスポーツと関わりたい」とマスコミ業界を志し、地元局の愛媛朝日テレビに入社した。「基本的にはずっと営業なので、取材どころかスポーツの世界に全然関われていないんです」と苦笑するが、30代半ばのときに2年間だけ報道に回る。スポーツ記者として高校野球の取材に携わり、「夢が叶ったと言ったら大袈裟ですけど、すごく楽しかったし達成感はありましたね」と振り返る。

一方で――あれからはどこへ行っても「あのバックホームの……」という枕詞が付くようになった。夏になれば毎年必ずメディアで当時の映像が紹介され、「奇跡のバックホーム」関連の取材オファーも多く届く。話題にしてもらえることがありがたい反面、普段は何かちょっと失敗をしただけでも「なんだ、意外と大したことないな」という目で見られる。華々しいイメージに縛り付けられて「さすがにもういいんじゃないのって思う時期もありました」と明かす。

だが、そんな悩みも乗り越えた。

「30代半ばになったあたりから、もう一生言われ続けるんだろうなって開き直る部分も出てきました。むしろ、あの決勝があったことで僕は声を掛けてもらえることも多いわけですから、他の人にはないものを与えてもらっているんだって、プラスに捉えられるようになりましたね。そんなタイミングでたまたま熊本へ行ったときに星子君と再会して、彼も同じような想いを抱えていたんだと知って。年を追うごとにだんだん受け入れられるようになっていった感じです。今は娘が2人いて高校生と中学生なんですけど、学校では野球部の男の子から『お前のお父さん、バックホーム（の人）らしいな』って言われるみたいで（笑）。まぁでも娘たちも僕のプレーを知ってくれているので、それも含めて良かったなって思っていますね」

他の選手たちの〝その後〟にも触れておこう。

渡部と石丸は駒澤大学、吉見は立正大学、向井と吉田は東洋大学。「戦国」と言われる東都大学リーグの強豪へ進んだ。また久米は三菱重工広島、星加はNTT四国と社会人でプレーした。1999年、NTTグループが再編を行い、それに伴って各地域で活動していたチームがNTT東日本とNTT西日本の2つに統合。NTT四国はこの年限りで廃部となった。ただ星加はNTT西日本には移らず、地元に残ることを選択。会社で働きながら、NTT四国の流れを汲んで誕生したクラブチーム「松山フェニックス」で現役を続けた。ここには大学を辞めて地元へ戻ってきた渡部や向井も入団しており、現在もなお松山商OBがこのチームで野球を続けて全国舞台を目指すという流れは引き継がれている。

石丸と吉見は大学卒業後、2001年に社会人の名門へ入社した。石丸は東芝で4年間プレーし、2年間はマネージャーを務める。その期間を挟むようにしてチームは1999年と2007年に都市対抗優勝。「社会人では優勝に縁がなかったんですよね」と頭を掻く。吉見は三菱ふそう川崎に2年間在籍。こちらもチームは00年と03年が都市対抗優勝だから、ちょうど日本一に挟まれる形にはなっている。だが03年には退社し、台湾プロ野球の統一ライオンズにテスト入団。プロの世界で「三番・セカンド」として大活躍を見せた。

そして、そんなポテンシャルの高かった世代の中でも群を抜いていたのが今井だ。ただ、ずっと痛めていた腰はすでに限界だった。企業チームからのオファーを断って明治大学へ進学したが、腰痛は悪化して椎間板ヘルニアを患う。1年夏には退部してそのまま大学も辞めた。

地元へ帰ってきてしばらくは実家が経営するガソリンスタンドで働いていたが、周囲からの期待も大きかっただけにたびたび「もう野球はやらないの?」「なんで辞めたん?」と聞かれた。自分が直接言われるのは構わないが、両親までそのことで声を掛けられているのはさすがに苦しかった。迷惑を掛けたくない。そんな想いで再び親元を離れ、兵庫県のアスピア学園関西野球専門学校へ入学。卒業までの2年間、野球に没頭した。もちろん腰の状態もあるので、満足できるプレーができたとは言い難い。ただ、最後まで可能性を模索して全うはしたつもりだ。現在は実家を離れて仕事をしているが、「いずれは（家業に）戻りますよ」。野球をやらせてくれた両親への感謝も大きい。

苦しんだという点では1996年夏の2年生、新田と深堀の存在も無視できない。

優勝後、新田は今井・渡部・石丸とともに高校日本代表に選ばれた。アメリカ遠征から帰ってくるとすぐに新チームの秋季大会が始まり、中予地区予選であっさり敗退。夏の酷使の影響もあったため秋はノースローで過ごし、3年春以降に向けてレベルアップを図った。最終的に夏には140キロを超えるスピードも出ていたから、成長はできていたのだろう。ただこの1年間、野球に集中できる環境だったとは言い難い。

「生活がガラッと変わりましたからね。メディアからは注目されて持ち上げられると言うか、大したピッチャーでもないのにすごいと言われて。そうなると変な話、地元じゃ有名人みたいになるでしょう。そんな中で野球をしなきゃいけないっていうのがすごく嫌でした。グラウンドに出ると必ず誰かが見ているし、追っかけの人からは出待ちもされて、いきなり腕をガッとつかまれて自転車から落ちそうになったこともあります。学校の用務員の方からは裏口のカギを渡されていたほどで、人間不信になるくらいしんどかった。澤田監督から『調子に乗るなよ』『試合に出ていたら偉いんか？』と常に戒めていただきましたが、自分ではそんなつもりもまったくなかったんですよ。とにかく授業中と寮の部屋にいるときだけが、誰の目も気にすることのない心休まる時間でしたね」（新田）

さらに全国制覇の反響というのは大きく、各地から強豪がこぞって練習試合や招待試合を申し込んでくるようになる。当然、「全国的に注目される優勝投手との対戦」というのも目当ての1つであり、その想いにも応えなければならない。春から夏にかけて新田はフル回転。夏にはもう貯金を使い果たしていた。

一方、深堀は2年秋から主将を務めた。1学年上の世代に引っ張られて素晴らしい経験が積めたからこそ、「今度は自分がチームを引っ張っていく」という責任感も強かった。当時「西の横綱」と称された上宮（大阪）との練習試合で好勝負を演じたこともあり、それなりに手応えもあったという。しかし3年夏は県大会1回戦で今治北に2対3。前年の全国優勝チームが翌年にまさかの県初戦敗退。結末はあまりにも呆気なかった。

「結果を出せなかったという悔しさは今でも覚えています。最後の今治北戦は僕が3タコで、新田がホームランを打たれて負けた。ものすごく異様な雰囲気でしたよね。試合後のミーティングでは、澤田監督が『最高と最低、どっちも味わった。これも経験だ』とハッキリ言ってくださって……。僕は泣くことしかできなかったですね」（深堀）

ただ、2人とも「あの3年間が今も心の支えになっている」と口を揃える。新田は卒業後に東芝で5年間プレーし、社業を経て2017年に建設会社へ転職。深堀は明治大学を経て、東海理化で現役を8年間。さらに引退後の4年間はコーチも務め、14年より社業に専念している。いずれも社会人野球を経験し、その後は営業職へ。やりがいを感じながら日々の仕事に汗を流している。

「奇跡」が紡いだ縁

さて、場面は再び1996年夏だ。

試合後のインタビューでは、澤田が目を潤ませながら「全員の力で勝ち取った優勝だと思います」と語っていた。

指揮官には相当なプレッシャーがあった。

思えばもともと父親が〝松商野球〟の熱烈なファンであり、長兄・悟や三兄・栄治も松山商へ。自身も幼少期から自然と憧れを抱くようになった。また本格的に野球を始めた中学1年時がちょうど69年夏。三沢との〝伝説の試合〟をテレビで観て興奮した。当時のバッテリーである井上と大森は、実は澤田がいた雄新中のOB。甲子園で優勝後、母校への凱旋という形で2人が朝礼に現れて壇上へ。「その姿を見てカッコいいなと思い、自分も松山商で全国制覇をするんだと。そこから本気で野球をやるようになったんです」と澤田は言う。現役時代は甲子園に出られず、しかし大学卒業後に指導者の道が拓かれて、再び甲子園を目指す日々。86年夏は窪田とともに甲子園決勝の舞台へ進んだが、2対3で天理（奈良）に惜敗。あと一歩だったからこそ、余計に悔しさが残った。何が何でも日本一になってみせる。そう心に誓い、チームを引き継いで〝松商野球〟を磨き続ける。やっとの想いで10年越しのリベンジの舞台へ辿り着き、絶体絶命のピンチも乗り越えて……。

それまでの日々が走馬灯のように頭に浮かんでくる。優勝した直後は「本当にホッとした」という。

「まずはとにかく全身にずっしりと伸し掛かっていた鎧兜《よろいかぶと》、背負わされたものが一気に解き放たれたような感覚でした。そこから整列して校歌が流れ、スタンドに挨拶をして、優勝インタビューを受け、閉会式をして……だんだん流れていくうちにジワジワと喜びが出てきた感じでしたね。やっぱりね、松山商は甲子園の出場じゃなくて優勝を宿命づけられているんだなって思いますよ」

重圧は常に感じていたという。

ここから5年後の2001年夏、松山商は2年生エース・阿部健太（元近鉄ほか）、石丸の弟で主将のキャッチャー石丸太志、スラッガー・梅田浩（元巨人）らを擁して甲子園でベスト4に進出している。「甲子園出場から5年遠ざかったら辞める」と決めていた澤田が辞表を出すつもりで臨んだ年だったが、このチームも特に守備はトップレベル。準々決勝では京都の平安（現・龍谷大平安）を4対3で破っているが、敵将・原田英彦などはこの試合について「1球ごとに守備での駆け引きがあって、お互いに好プレーも連発。私の監督人生のベストゲームです」と話している。それにもかかわらず、準決勝で敗れて地元へ帰ると〝凱旋〟の空気はいっさいなかった。むしろ聞こえるのは厳しい声ばかり。澤田は「さすが松山商、すごく怖いところだなと思った」と苦笑する。そこまでのチームだからこそ、使命を果たしたときには格別の想いがあった。

1つ、あの決勝における「嘘のような本当の話」がある。

あまりにもオカルト染みているため、澤田はそのエピソードをしばらく自分の胸だけに秘めていた。時が経って少しずつ「実はあのときはな……」と話し始めると、それがどんどん漏れ伝わっていき、いつしか高校野球好きを自称する芸能人がテレビ番組で披露するまでになった。「だからもうすべてお話しできるんですけどね」と頭を掻きながら、澤田がしみじみと語る。

「1995年夏の大会前、私は親父を病気で亡くしていましてね。振り返れば窪田監督から私に交代する直前の88年夏、親父は甲子園まで応援に来ていたんですが、1回戦で負けてからの帰りの船の中で倒れて、港に着いたらすぐ救急車で運ばれて大手術。何とか一命は取り留めたものの、医者からは『もってあと7年です』と言われ、そこから本当にちょうど丸7年で他界して……。それで95年7月に葬儀があり、直後に始まった県大会からはずっと形見の品をポケットに忍ばせて親父に見守られながら、その夏、そして翌年の春夏と私は甲子園に出ていたわけなんです。で、甲子園の決勝なんですが、ライトの交代を決断したときの『今を乗り切らないとあとはないんだぞ』という言葉。あれ、実は私には親父の声のように聞こえていたんですよ。だから矢野のバックホームがアウトになった瞬間、私はパッと後ろを振り返った。『えっ、なんで親父がそこにいるの?』って自然に思えるくらい、似ている声だったんですよね。一瞬ゾッとしましたが、やっぱり親父がどこかにいて、言葉を授けて私の背中を押してくれたんじゃないかな、と思うんですよ」

土壇場での「奇跡」に沸く選手たちを出迎え、円陣を組んで11回表の攻撃へ。澤田はひと呼吸置くと、ポケットに手を入れて「親父、ありがとう」とつぶやき、形見の品をギュッと握りしめた。自身を松山商へと導いてくれた父親の存在。監督就任について本人以上に責任を感じてしまうような人だったからこそ、大きく助けてもらっていたという想いは強い。

澤田はその後、2006年9月に監督を勇退した。松山商は01年夏の甲子園ベスト4を最後に全国舞台から遠ざかっており、「甲子園に5年出られなかったら……」の想いを実行した形だ。コーチから監督に就任した白石勇二を顧問という立場で支え、チームが不祥事に揺れたタイミングで一時的に監督代行として復帰するも、09年夏限りで再び退任。後任は02年夏に川之江を甲子園ベスト4に導いた重澤和史で、史上初の「松山商OB以外の監督」をサポートした。そして10年4月に北条高校へ異動となり、野球部監督に就任。チームはちょうど不祥事による対外試合禁止処分を受けていたところだったが、「マイナスから立て直していくのも自分の性に合うかなと思って引き受けた」と話す。

それにしても、いくら母校とは言え県立高校の教職員が1つの学校に丸30年勤務するというのは、極めて異例なケース。愛媛県内の人間にとって松山商はそれだけ特別な存在であり、「松山商＝澤田監督」というイメージが浸透していたということだろう。

時が経つにつれて、澤田のもとには〝あの試合〟にまつわるさまざまな裏話が聞こえてきた。それらを耳にして思うのは、つくづく運や縁に恵まれたなということだ。

あるとき、北条高校にいる澤田のもとへ電話が入った。広島の近畿大学附属福山高校（現・近畿大学附属広島高校福山校）野球部の部長からで、練習試合を申し込みたいとのこと。残念ながら日程が合わずに断ると、もう一度電話が掛かってきて別の日を提案された。それでも都合が合わなかったのだが、懲りずにまたも電話が来て「この先、1チームとだけ組んでいる日はありませんか？　そこに変則ダブルヘッダーで入れてください」。実は瀬戸内海に浮かぶ島のチームと1試合だけ組んでいる予定があったが、移動などの不便さを考えたら普通は断念するもの。だが返事は「それでも行きます！」だった。

そこまでしつこくお願いしてきた理由は、練習試合の当日になって分かった。

その部長、貝畑郁雄はもともと高校野球のファンで、〝あの試合〟を甲子園のバックネット裏で観戦していた。当時は大学4年生。10回裏にライト矢野がバックホームをした瞬間は興奮のあまり、持っていた使い捨てカメラのシャッターを夢中で押していた。後日フィルムを現像すると、自分でも撮った覚えのない1枚が現れた。それは送球がちょうどキャッチャー石丸のミットに収まった瞬間で、しかもバックネット裏から見たグラウンド全景が入った写真。貝畑はそれをどうしても澤田に見せたかったのだという。

澤田はそこで初めてライト矢野、セカンド吉見、ファースト今井、キャッチャー石丸、ピッチャー渡部が無意識のうちに一直線上に並んでいたことを知った。

「これはすごい写真だなと思いました。それまでいろいろな写真を見てきましたけど、どれを見ても渡部がバックアップしていることまでしか分からないんですよね。でも、みんながいつもの練習通りに完璧に動いてくれていたんだなって。通常はカメラマンがいるような場所ではないので、そんな写真を撮れるのは当時の観客しかいない。実際に一直線に並んでいる瞬間を見ることができて、本当に嬉しかったですね」

そして貝畑は、あのプレーに魅了されたことで「卒業後は教員になって高校野球に携わりたい」という大きな目標を抱いたのだ。澤田にはこう伝えた。

「この写真をいつか澤田監督に見せてサインをしてもらおうっていうのと、それを囲んで2ショットで写真を撮るのが私の夢だったんです」

1人の若者の将来を決めた瞬間であったことも知り、澤田はあらためて〝あの試合〟の影響力の大きさを感じたという。

ちなみに――確かめてみたかったことがある。「奇跡のバックホーム」でラインを形成した5人以外はどんな動きを見せていたのか。

サード星加は三塁ベース付近で走者のスタートを感じながら、矢野の送球を見守っていた。ショート深堀はきっちりと二塁ベースカバー。レフト向井は自然と少し前へ走り出し、二塁と三塁のどちらにもバックアップへ向かえる位置で待機していた。その一方、センター久米は「実は僕だけその場から動いていないんですよ」と白状する。

「外野のセオリーから言っても、センターはライトのカバーに走るのが普通なんですけどね。僕の中では打った瞬間の『終わった……』という感情が大きすぎて、呆然と立ち尽くしているんです。本来は無意識にでもカバーに行くものだと思いますが、僕はただ打球を見上げるだけで終わってしまった。バックネット裏からの全景の写真にはその様子がしっかり映っていて、澤田監督からは20年ほど経って『お前は何をしとったんや』と言われました（苦笑）」

ただ、これもまた偽りのない真実だ。逆に内部の人間でさえそう感じてしまうほどの状況だったからこそ、5人が完璧に一列に並んでいたあのバックホームはやはり「奇跡」

だったと言える。

運という意味では、球審のジャッジについても触れておかなければならないだろう。「奇跡のバックホーム」はまさに間一髪。むしろタイミングで言えばほぼセーフであり、走者の足が先に本塁ベースへ入ったようにも見える。事実、試合後には「誤審ではないか」との問い合わせも数多く受けており、一瞬で正確に判定するのは相当難しいケースだった。

ただ、球審だった田中美一（故人）は自信を持って「アウト！」と宣告している。澤田は後年、本人から当時のエピソードを聞いたという。

「打球が上がった瞬間、田中さんは『あぁ、やっと（試合が）終わった』と思ったらしいんですね。でも次の瞬間にすぐ『いや、最後までちゃんと見届けなきゃダメだ』という気持ちになって、それと同時になぜか分からないけど、体が打球に引き寄せられるようにして右側（一塁方向）に動いたんだと。当時の審判のセオリーとしてはライトからの送球が向かっていく方向、つまり左側（三塁方向）に動いてキャッチャーの背中越しに見るのが正しいらしいんですが、それだと送球が捕手に隠れてしまう。たまたま右へ動いたことで、ちょうどクロスプレー全体がしっかり見えたんだそうです。で、あのケースでは一塁側ファウルグラウンドのあのポジションこそがハッキリと見える位置なんだというのが初めて分かった、と仰っていましたね。それにしても……たとえあの判定がセーフだったとしてもこちらは何の文句もない。そうなんだろうなって諦めもついたと思うんです。でも、そこでわずか10センチほどの差のところまでしっかりと見極めて判定を下した。しかもあれだけベテランの審判が咄嗟の判断で本来とは違う動き方をして、そのおかげでジャッジがより正確になった。そのあたりも神懸かっていたのかなと思います」

田中球審は晩年、「あの判定は生涯最高のジャッジだった」という言葉を遺している。もしもセオリー通りに動いていたら判定はどうなっていたのだろうか……。あのバックホームにはやはり、いくつもの要素が「奇跡」のごとく重なり合っていたわけだ。

ちなみに決勝の翌日、あるスポーツ紙には決定的瞬間の写真が掲載された。三塁走者・星子の足が本塁ベースへ入る前に石丸のミットが顔に当たっている、言わば「タッチアウトの証拠写真」。これを撮影したカメラマンも後日、コンテストで表彰されたという。

審判も、そしてカメラマンも、最後まで気持ちを切らさずにプロとしての仕事を全うした。澤田は「あの試合は数多くの人に影響を与えているんですよねぇ」と、感慨深そうに語る。

亡き名将の想い

澤田が松山商の監督を退いた06年9月には、熊本工の選手たちにとっても忘れられない出来事があった。田中の急逝だ。

実は数年前にも脳梗塞で一度倒れており、その後はずっと自宅で療養生活をしていた。闘病中は〝あの夏〟の世代も野田などを中心にして何度かお見舞いに訪れている。やや後遺症はありながらも会話はできており、少しずつ快方に向かっていた矢先の訃報。突然の別れに周囲は当然ながらショックを隠せなかった。

田中を慕い、よく連絡を取り合っていた野田が振り返る。

「仕事をしていたら電話が掛かってきて、亡くなったと聞いて……。秀太さんから言われて葬儀では僕が弔辞を読んだんですけど、もう一生読みたくないと思いましたね。何を言おうかなって考えるたびにやっぱり思い出がいろいろ浮かんできて、涙が止まらないんですよ。ロクに恩返しもできないまま逝かれてしまったので、僕は何とか恩返しをしたい。これは今でもずっと思っています」

もちろん、そんな田中の影響力は絶大だった。

野田はトヨタ自動車で4年間プレーした後、「高校野球の指導者になりたい」と思い立って自ら現役引退を決断し、04年12月に退社している。その後は帰郷して少し期間が空いたものの、家業を手伝いながら田中の後任となっていた林のもとで熊本工のコーチを約3年。さらに私学の開新高校から誘いを受けてコーチに就任すると、13年から8年間は監督を務めている。20年9月に任期満了で退任するが、その秋にチームは県準優勝で九州大会出場の活躍を見せた。現在は縁あって宮崎の日南学園でコーチを務め、寮に住み込んで選手たちと寝食もともにする日々。野球の指導現場に携わる生活は充実しているのだという。

「トヨタを辞めるなんて一般的に考えたらありえない選択だと思うんですけど、今でも後悔はしていないんですよね。高校野球ってやっぱり楽しいですから。僕が指導をする上で大事にしているのは、心を鍛える、心を育てるっていうこと。あと子どもたちによく言うのは、人との出会いを大事にしなさいと。それこそ僕だって熊工で山口先生や田中監督と出会っていなかったら、今の人生もないんでしょうし。そして組織的な野球、きめ細やかな野球を目指すという部分は田中監督の影響をかなり受けています。最後にお会いしたときには『これから熊本のために頑張れな』とも仰っていただいて。もちろん、最後は熊本へカムバックしたいという夢もありますね」(野田)

そう言えば坂田も東洋大で学生コーチとなり、卒業後は鈴鹿国際大(現・鈴鹿大)でコーチや監督を歴任して現在も総監督を務めている。そして澤村も社会人野球の現監督。田中が伝えてきた野球観は、間違いなく後世に受け継がれている。

そんな中で1つ、田中が生前に大きく悔いていたことがあるという。星子に「奇跡のバックホームでアウトになった走者」という十字架を背負わせてしまったことだ。

星子は高校卒業後に松下電器でプレーしているが、その期間はわずか2年半ほど。もともとはドラフト指名が解禁となる高卒3年目でのプロ入りを目指していたのだが、あっさりと退社している。いったいなぜか。
「20歳を迎えたときにふと将来を考えて、このまま野球を続けていくのか、それとも早い段階でパッと切り替えて何か別のことをやるほうがいいのかと。そこで、自分は野球以外に何もできないのかなっていう感情も生まれたんですよね。社会人野球はかなりレベルが高くて、周りにいるのもすごい人たちばかり。その中で僕は首脳陣から期待もしてもらっていたし、素晴らしい環境にいられたと思います。ただ、トップレベルの野球に疲れていたと言うか、辞めるのであれば今なのかなって……」（星子）
思えば小・中学生時代はいずれも全国3位で、高校では全国2位。それが「次のステージこそは日本一」というモチベーションへとつながり、野球をずっと続けてきたのだ。しかし、「ケガをしたこともあったけど、どこか野球に飽きていた自分もいたんですよね」（星子）。会社を辞めてからは熊本へ戻り、飲食業や建築業などを掛け持ち。その後はバーの経営も始めるが、仕事に集中するために野球とはハッキリと距離を置いた。
友人からは草野球などにも誘われたが、興味は湧かなかった。中途半端な気持ちで野球をやりたくはなかったのだという。そして何より「奇跡」の当事者である矢野や澤村と同様、星子もまた〝あの試合〟に悩まされてきた。いや、むしろ最も苦しんだのは星子だったのではないか。矢野や澤村は「奇跡」を起こした側だから基本的に称賛されるが、星子はアウトになった側。自身の走塁について悔いはないものの、周囲からは「回り込めば良かった」「スピードを緩めたのではないか」などと言われ、ときに戦犯のような扱いを受けることもある。田中が懸念していたように、やはり「あのプレーでタッチアウトになった星子」を受け入れることはなかなかできず、取材などはもちろんのこと、野球関係の付き合いも遠ざけた時期があった。

だが――星子もまたそれを乗り越えている。

バーの経営が軌道に乗り、お客さんとも少しずつ野球の話をするようになってきたとき、ふと気付いた。あのプレーがあったからこそ、自分のことをいまだに憶えてくれている人がたくさんいるのだと。そしてもう一度、自分を導いてくれた野球と向き合っていこうと決意した。

そんな折だった。13年の暮れに矢野がたまたま熊本を訪れ、知人の紹介で星子の店へ。約17年ぶりの再会には驚きを隠せなかったが、「顔を見てすぐ矢野だと分かった。昔からのチームメイトのような感覚で、何の違和感もなかった」と言う。

「そこから一緒にお酒を飲んだんですが、彼が『あの試合の話っていつも俺たちについて回るよな』と。それを聞いて、苦しい想いをしていたのは自分だけじゃなかったんだなと思えたし、何かポンと背中を押してもらった感じがしたんですよね」

星子はここで、自身が胸に秘めていた構想を矢野に打ち明ける。

実は野球好きの人たちが集まれる店を新しく開きたいんだ……。店名は『たっちあっぷ』。熊本で〝タッチアップ〟と言えば、星子の店だなってすぐ分かってもらえるだろう。入口には俺たち2人のユニフォームを飾りたいんだけど、貸してもらえないかな……。

翌14年の春、星子は構想通りにスポーツバー『たっちあっぷ』を開店。16年4月の熊本地震の影響でビルの取り壊しが決まったため、17年夏には店舗を移転したが、現在も営業を続けている。店内ではいつも野球の映像を流しており、もちろん〝あの試合〟がリクエストされることも極めて多い。星子は「あの決勝、あのバックホームのシーンを日本一見ているのは多分僕だと思いますよ」と笑う。また一時は高波も従業員として働いていた。そして店の入口の壁に並んで飾られているのは、額に入った星子と矢野の当時のユニフォームと優勝&準優勝のメダル……。そんな様子を温かく見守りながら、田中もきっとどこかで大きく胸を撫で下ろしているのではないだろうか。

20年目の復興試合、そして……

矢野と星子の再会によって、1996年夏の決勝を戦った選手たち、すなわち松山商と熊本工のメンバー同士の結び付きはかなり強くなった。もともと両チームとも個性派集団であり、高校卒業後に全員で集まる機会などがそう頻繁にあったわけではない。ただ、あの〝伝説の試合〟の戦友として、心のどこかで分かり合えているような感覚は自然と生まれるものなのだろう。

ちょうど20年が経った2016年、彼らは再戦を行っている。まずは星子が中心となって熊本工側が企画を立ち上げた。ただ話を進めようとしていたタイミングで熊本地震が起こってしまったため、復興支援のチャリティーイベントとして計画を練り直す。そして矢野や今井ら松山商側に提案し、熊本工が招待する形で開催。当初は06年10月22日に行う予定だったが、ここは雨によって順延となりトークイベントのみ実施。いったん日を改めて11月26日、ついにＯＢ戦が実現した。

当日、熊本市内にある藤崎台県営球場には約５００人の観客と多くのメディアが集まった。この日のために作った記念Ｔシャツとタオルを販売し、売り上げの一部を義援金として寄付。またブラスバンドも手配しており、スタンドでは両チームの応援歌や校歌まで演奏して盛り上がった。試合も予想以上に白熱した展開となり、最終的には9対8で熊本工が勝利。これで20年前のリベンジを果たしたわけだが、実は星子が事前に「やるなら真剣勝負。当然、硬式ボールだろう」と言っていたものだから、熊本工側は野田が率いていた開新高校、松山商側は澤田が率いていた北条高校のグラウンドへ行って練習をする者もいたのだという。

実際、戦った選手たちはどんな感想を抱いたのか。今井は「僕は前半だけちょっと出て、あとはランナーコーチで盛り上げました（笑）。観客やメディアのことを考えたら当時のレギュラーがずっと出たほうが良かったのかもしれないけど、逆に当時は試合に出ていなかったメンバーが活躍してくれたほうがいいなと。実際に僕らを支えてくれていたヤツらがヒットを打ったりして、それを見ているのが嬉しかったですね」と語る。

また新田は「久しぶりにみなさんとお会いできて楽しかったです。松山商の先輩もそうだし、熊本工も園村さんとか澤村とか、昔話にも花が咲きました。投球面は肩が痛くて最初は110キロちょっとで大変でしたが、だんだん感覚が麻痺してきて125キロくらいまで出た。投げた投手の中では最速でした（笑）」。そして澤村は「下級生なのに呼んでいただいてすごく嬉しかったですね。澤田監督も来ていましたし、本当に20年ぶりに会う人たちもいて、先輩方もみんな痩せていたり太っていたりして（笑）。また当時の上下関係とは違った大人の接し方もできて、本当に楽しかった」と振り返る。

試合後にはメディアの要望もあり、エキシビションとしてバッター本多、三塁ランナー星子、ライト矢野による「バックホームの再現」も行われた。こちらも20年越しのリベンジでタッチアップ成功。星子は「みんな20年という月日が経って劣化が酷かったですけどね」と笑う。

「たしか初球にヒットを打ったんですよ。そうしたらアナウンスで『このシーンはライトフライが上がるまで終わりません』って。周りがウォーッと盛り上がる中、僕のプレッシャーは最大。今まで野球をやってきた中で一番緊張したかもしれない（笑）。3〜4球目あたりでキレイにライトフライが上がってくれて、本当に良かったですよ」（本多）

「僕は試合途中に肉離れを起こしていたので、しんどいなっていうのはあったんですけどね（笑）。でも何とか走ることができました」（星子）

「本多君がライトフライを見事に打ってくれたので、落とすわけにはいかないなと。で、何とか捕ったけど当然しっかり投げることはできず、一塁ベースを越えてからは本塁まで何とか転がって届いたくらい（笑）。みんな『とにかくケガだけはしないように』っていうのを合言葉にしてやっていましたね」（矢野）

その後は懇親会も大盛り上がり。みんなで星子の店にも行った。また熊本工と松山商の合同で、田中のお墓参りもしたという。そして両チームは約束をした。

「次回はぜひ、坊っちゃんスタジアム（松山）でやろう」

果たして実現するのかは分からない。ただ、たった1つの試合をきっかけにして、こうして何年経ってもお互いが想いを1つにしてつながっていられる。そんな関係性はどこか羨ましくもある。

21年夏。あの「松山商対熊本工」の決戦から早くも25年が経った。

熊本工は19年夏、21年夏（20年夏の甲子園はコロナ禍で中止）と2大会連続で甲子園出場を果たし、少しずつ上昇気流に乗ってきている。現監督の田島圭介は澤村の1学年下のOB。つまり田中の教え子であり、ちょうど1996年夏の準優勝を見て入学した世代だ。そして来年の2022年は野球部創部100年目。当然、周囲からの期待は大きい。

一方、澤田は21年夏限りで北条の監督を勇退した。公立高校における定年後の再任用が最長65歳であり、21年度はちょうどそのタイミング。3月までは学校にまだ残るが、後任の監督には新チーム結成の段階で譲るのが最適だと考えた。

では、その後はどうするのか。これまでの指導者人生に感謝をしながら、澤田は「何らかの形で母校もバックアップしたい」と語る。

「やっぱり松山商業が君臨して、それに追い付け追い越せと他のチームが切磋琢磨して、そうやって愛媛県勢が全国で勝ってきたという歴史がある。その形をもう一度しっかり作ることが、愛媛の高校野球のレベルを上げることにつながるんじゃないかなと。その想いは強いんですよ。それと松山商業は大正、昭和、平成で優勝していて、令和での4元号制覇をできるチャンスが唯一ある学校。そこにロマンを感じない人間はいないと思うんですね」

松山商は20年4月、かつて今治西を11度の甲子園出場に導いた大野康哉を監督に迎えた。そこからコンスタントに上位へ顔を出し、21年夏は県ベスト4。こちらも復権の兆しが見えつつある。

この先——死闘を繰り広げた両校が再び甲子園で激突することはあるのだろうか。今井は期待を込めて言う。

「今年の夏に熊工が甲子園出場を決めたので、星子にＬＩＮＥで『おめでとう！』って送ったんですよ。そうしたら『いずれは松山商対熊本工を見たいよな』って返ってきた。ぜひともそうなってほしいと思いますし、僕らが生きている間に1回でも実現したら、そのときはお互いにみんなで観に行って応援したいですね。こういうつながりって、10

年経っても20年経っても一緒だと思うんですよ。野球の話って時間が経ってもずっとできるものだと思うし、野球で培った関係性もずっと続くと思う。僕が野球をやっていて良かったなと思うのはやっぱり、野球を通じた仲間が増えたことなんですよね」

最高峰の戦いを経て結ばれた太い絆。互いを認め合う松山商と熊本工が起こした「奇跡」は、これからも高校野球史上最高の伝説として語り継がれていく。

〈特別収録〉

25年目の「奇跡のバックホーム」対談

矢野勝嗣（松山商業）×星子　崇（熊本工業）

2人は四半世紀が経った今、何を語るのか。
弊社刊行『週刊ベースボール』の企画にて2021年7月に実現したオンライン対談を、余すところなくお届けする。

キャッチボールもせず まさかの守備固め

――2人の対面はいつ以来ですか?

星子 たしか2~3年前ですかね。

矢野 甲子園で1回会ったときかな。

星子 そうそう。愛媛県勢の試合があって、観に行かないかと。

矢野 星子君から連絡をもらって、僕もたまたま行くつもりだったので、チケットを取ってもらって2人並んで試合を観たんだよね(笑)。

星子 そのチケットを手配してくれたのが審判員(2021年夏に勇退)の堅田外司昭さん(1979年夏に「箕島対星稜延長18回」を戦った星稜高校のエース)で、3

高校卒業後は松山大でプレーし、大学卒業後は地元の愛媛朝日テレビに勤務し、営業部門を担当している

PROFILE

やの・まさつぐ● 1978年8月24日生まれ。愛媛県出身。平野小2年時から投手としてソフトボールを始め、県大会出場。久米中では軟式野球部で3年時に捕手として市大会出場。松山商高では2年夏からベンチ入りし、同秋から背番号9。3年夏は全国制覇。松山大では主将(六番・右翼手)として4年時に全日本大学選手権出場。卒業後は愛媛朝日テレビに入社し、現在は営業局営業部勤務。

地元の熊本市内でスポーツバーを経営。矢野氏と星子氏の当時のユニフォームと金・銀メダルが飾ってある

PROFILE
ほしこ・たかし● 1978年8月22日生まれ。熊本県出身。花陵中時代は熊本北シニアに在籍して全国大会3位。熊本工では2年秋から三塁のレギュラー。卒業後は社会人・松下電器で2年半プレー。2014年5月に熊本市内にスポーツバー「野球人が集まる店　たっちあっぷ」を開業。16年4月の熊本地震により、現店舗のbaseball　park「たっちあっぷ」が17年7月25日に新装オープンした。

人で一緒に写真を撮ったね。その前には2015年に愛媛朝日テレビの特番（『高校野球100年 甲子園 奇跡のバックホーム～今明かされる20年目の真実～』）があって、僕らは松山へ行ったりもして。あの決勝がきっかけになって、交流が続いていますね。

――当時の話を振り返りますが、3対3の好ゲームになって延長10回裏の熊本工の攻撃へ。一死満塁であのタッチアップの場面を迎えます。

星子　一死三塁から敬遠四球が2回あって、（ライト矢野への）守備交代もあり、結構時間もあったので（三塁走者として）準備はしっかりできましたね。流れもウチに向いていたし、普段通りにやれば勝てるだろうなと。でも、それをバックホーム一発で引っくり返されて（苦笑）。

矢野　僕はずっと一塁コーチャーをしていて、前半からリードしながらも熊工に押されているイメージがあったので、最後の最後まで何があるか分からないなと。そんな追い詰められた雰囲気を感じながら、ベンチでも第三者的に見ていました。

星子　これは何度も取材でお話ししているんですけど、ライトに入る矢野君を見たとき、キャッチボールをせずに肩をグルグル回すだけで守備に就いたんですよね。だから「急に投げられるのかな」と思っていて。

矢野　僕自身、敬遠のボール球を8つ見守っているときに準備できたんだろうとは思うんですけどね。ただ監督からも指示はなく、ギリギリになって「行け」と言われたので驚いて。決勝戦の試合に出られたという喜びはあったけど、本当に1球も投げずに守備に就きましたね。

――その直後の初球がライトフライ。

星子　ライトに打ってほしくないという気持ちはありましたね。風があって打球が戻されるので。でも、やっぱり代わったところに飛ぶんだなぁと。しかし、キャッチボールなしでよくあんな返球ができるね（笑）。

矢野　僕も肩を回すくらいしかできていなかったけど、周りの野手からは「（お前のところへ）行くぞ」って言われたし、打席の本多（大介）君は左打者でその前にもライナーを引っ張ったりしていたので、打球が来そうな雰囲気は感じていました。

星子　本塁でタッチアウトになったときは

「嘘だろ」という気持ち。自分ができる中では一番の走塁をしたと思うし、（タッチは頭付近で足は本塁へ入っているので）送球が10センチくらいずれていたらセーフなんですよ。本当に「そこしかない」っていうところにボールが来たので、考えられないと言うか。「たられば」を言うと、僕が回り込めばセーフだったとは思うんですが、でもあの距離なら普通は真っすぐ突っ込みますよね。

矢野　僕は打たれた瞬間に「頭を越された」と思ったので、とにかく一目散に行って打球に触ろうと。ただ「これ以上後ろに下がったら刺すのは無理だ」という位置に守っていたので、ダメだろうなとは思いながらも一か八か、思い切って投げただけですね。あと1つだけ考えたのは、中継を使わずノーバウンドで投げようと。打撃が良くなくてスタメンを外れているっていうのもありますし、肩には多少の自信があったので、守備では何とかチームに貢献したいという想いだったんですけどね。

星子　でもやっぱり松商の守備力の高さは感じましたね。試合を通じて連係プレーなども素晴らしかったですし、5回裏に僕が二塁打で三進を狙ったときもアウト。そういう上手さもすごく感じた試合でした。

高校3年以来の再会で受け止めていく覚悟

——試合は松山商の優勝で幕を閉じましたが、その後2人の交流はどういう経緯で始まったのでしょうか。

矢野　私が会社（愛媛朝日テレビ）に入って東京支社へ転勤になっているとき、熊本の系列局（熊本朝日放送）の先輩と仲良くなって、その縁でたまたま熊本へ遊びに行く機会があったんですね。「せっかく矢野が来るんだったら」ということで野球好きの人が集まる居酒屋へ。そのお店で「実は星子君のことを知っているんだ」っていう話の流れになって。

星子　そのとき、僕はちょうど同じビルでお店をやっていて、「紹介したい人がいる」って言われて、行ったら矢野君がいたからビックリ（笑）。

矢野　でも何か高校卒業から結構時間が経っていたけど、本当についこの前会ったくらいの感覚だった。

星子　メディアが毎年取り上げてくれていますし、当たり前のように近くにいる感覚。チームメイトに1年ぶりに会うような感じでしたね。

矢野　そこで「全然違和感ないよなぁ」って言いながら、一緒にお酒を飲んで食事をしたのが最初ですね。

星子　その出会いがあってから当時の熊工と松商のメンバーも交流できるようになりましたし、ものすごく良いきっかけだったなと。僕は高校卒業後、21歳のときに（社会人）野球を辞めて熊本へ戻るんですけど、そこからは野球に関わる仕事をしてこなかったんですよね。だから自分自身では切り替えているつもりで。ただ、周りの人たちはあの試合の印象にずっと引きずられているのかなっていうのは感じていたし、若い頃は同じことを何度も聞かれるのを嫌がる自分もいたので、なかなか（あのタッチアップのことを）前向きに考えられない時期もありました。

矢野　僕もそうでしたね。優勝していい想いはさせてもらっているけど、僕のプレーなんて本当に偶然でしかなくて、もう二度とできないだろうと思う。でも周りには「あのバックホームをした矢野だ」という印象があって、仕事で上手くいかなかったりすると「あんなプレーをしたのに大したことないな」っていう目もあった。正直、それを面倒臭く感じる時期もありました。ただ30代半ばになり、ようやく受け入れられるようになって。2人で再会したときにもそんな話をしたんですが、星子君は負けた側なので僕なんかよりも嫌と言うほどそれを感じてきただろうけど、それを真正面から受け止めて背負っていくんだという覚悟を感じた。だから若干、僕は恥ずかしいなという想いもありましたね（苦笑）。

星子　でも僕も矢野君からそんな話をされたとき、「あっ、俺だけじゃないんだな」って思えたんですよね。お互いにキツい想いをしている時期があったんだなってものすごく共感できた。それで吹っ切れた部分もあって、「実は野球好きが集まるお店（14年から経営する『たっちあっぷ』）をやろうと思っているんだ」っていう話をさせてもらいました。

——そこから交流が開始。16年には当時のメンバーが熊本に集まって「松山商対熊本工」も行いました。

星子　あの決勝から20年目の節目だったので、もともと何かやりたいねという話はしていたんですよ。そのタイミングで熊本地震が起こってしまったので、復興を願うチャリティーマッチとして試合をしようかと。そこから週1～2回のペースで必ず会議をしていたし、（チラシや記念グッズの作成、球場やブラスバンドの手配など）準備はなかなか大変でしたけど、久しぶりに会うメンバーもいてやっぱりすごく楽しかったですね。

矢野　僕らも何かできることはないかなと思っているところだったし、星子君から企画を聞いて松商のメンバーに声を掛けたら、みんな「ぜひやりたい」と。何よりも当時の澤田勝彦監督が一番喜んでいて、僕らは「練習しに来い！」って言われて。「20年ぶりだけど負けないぞ」くらいの感じですごく気合いが入っていました。監督もこの夏で（北条高監督を）勇退だけど、またやりたいって思っているんじゃないかな。当日は観客も大勢集まってたくさんの方に声を掛けてもらって、僕らが逆に勇気づけられた。星子君や熊工メンバーには本当に感謝しかないですね。

星子　で、かなり締まったいい試合になったんだよね。このまま県大会に出ても1つくらいは勝てるんじゃないかなと思えるくらい（笑）。

矢野　そうそう。みんな体重は増えているから（笑）、芯を捉えると打球が速かったりして。熊工にはサク越えを打った選手もいたよね。

星子　井健太郎が打ったんだよね。もともとポテンヒットが得意の男で、すごい打球だったから僕らがビックリした。高校時代にあれを出してほしかったなって言い合って（笑）。

矢野　あと1回、僕の前のほうにフライが飛んできて、バックホームになりそうなシーンがあったよね。でも三塁ランナーが走らなくて。

星子　あった、あった。あそこは空気を読んでタッチアップで走らなきゃいけない場面だったよな（笑）。

店の「看板」としてあるユニフォーム&金メダル

――『たっちあっぷ』の入口の壁には2人が着ていた当時のユニフォームがメダルとともに飾られています。

星子　開店にあたってお店には自分のユニフォームを飾っていて、その横をずっと空けていたんですよ。矢野君のユニフォームが届くのを待ち侘びていたことを思い出しますね。熊本地震の影響でお店の場所は移転しましたが、今もみなさんが必ず目にするところに飾っています。

矢野　開店の構想を聞いたとき、星子君が「ユニフォームを貸してもらえないか」と言うので「ぜひぜひ」と。家に置いていてもただ人目に触れず仕舞っているだけだし、お店でキレイに飾ってもらえるなら嬉しいですから。ユニフォームを送ったら電話が来て、「熊工のユニフォームには準優勝の銀メダルがついているけど、矢野のユニフォームには何もついていないからちょっと寂しいなぁ」と（笑）。それですぐに優勝の金メダルも送りました。お店を訪れた方に「あのときの試合か」と思い出してくれるんだろうなって考えるだけでありがたいです。

星子　ウチのお店はいろいろな学校のユニフォームを置いていて、それを着ることができるのが1つの特徴なんですけど、矢野君のユニフォームだけは額に入れて誰にも着させていません。大事に預からせてもらっています。それこそ、僕があの場面でセーフになって優勝していたらこういうことはできなかったと思いますし、ああいう試合になって逆に良かったのかなと今は思いますね。

──あの試合の反響というものを今もなお感じる部分はありますか。

星子　うーん、いまだに慣れないんですけどね。僕らは当事者なのであの試合のすごさというか、高校野球を見ている人の受け取り方っていうのが分からないんですよね。ただお店には毎年いろいろな人が来てくれて、みなさんすごく覚えてくれているので、「すごいな。こんなにもあの試合に思い入れがある人がいるんだな」と感じさせてもらっています。

矢野　僕も本当に不思議な感覚と言うか、

最後の最後だけ出てきていい想いをしただけなので、何か自分でやったというものはないですね。毎年取材してもらったり声を掛けてもらったりして、周りの人に言ってもらうことで「あぁ、すごい試合だったんだ」と感じている状態です。

――当時の映像は見るものですか。

星子 僕は毎日見ますよ。お店でも流していて、お客さんにもリクエストされるので。タッチアップのシーンは矢野君の何百倍、何千倍と見ているかも。あの試合を日本一見ているのは僕だと思います（笑）。そして今見ても、あの返球はすごい。捕手のミットに収まるまでがあっという間でしたもんね。今はお客さんと楽しく見させてもらっていますね。

矢野 僕はなかなか家で見ることはないですけど、取材を受けて振り返ったりとか、スポーツバーみたいなところで「矢野が来ているからあの試合を流そうよ」なんてこともあります。コロナ禍が収まったら、ぜひ『たっちあっぷ』のカウンターでも試合を観たいですね。新しい店舗になってからはまだ行けていないし。

星子 そのときは1日店長とかやってもらおうかなと（笑）。

矢野 ぜひ（笑）。必ず行きます。やっぱり活躍は本当に一瞬だけでしたけど、ああいうプレーに関わらせてもらって、そのおかげで今の僕があると言っても過言ではない。あの1球。あの1試合。熊本工業とのつながりは一生ものだと思っているので、それに恥じないように少しずつ恩返しをしていきたいなと思いますね。

星子　僕も仕事でいろいろな方にお会いしますが、みんな「あのときの星子君なんだね」と知ってくれているので話が始めやすいんですよね。あのプレーを何度も取り上げてくれることで風化せずにみなさんの記憶に残っているんだと思いますし、良い財産をもらえているなと実感しています。昨年以降はコロナ禍で高校野球も当たり前ではなくなっていますが、普通にできていた僕らはやはり経験者としてしっかり応援しなきゃならないなという想いですね。

矢野　僕も同じ気持ちです。そして見ていると初心に返れるのが高校野球だと思うので、当時の自分の気持ちも思い出しながら応援したい。

星子　で、やっぱり「熊本工対松山商」を甲子園で見たいよね。

矢野　そうだね。同じタイミングで甲子園に出てくれたら嬉しいし、ぜひまた対戦してほしい。そのときは時間を合わせて開会式や試合を一緒に観に行って、また語り合おう。

1996年　松山商業と熊本工業の記録

1996年（平成8）　夏

第78回全国高等学校野球選手権大会

松山商　準決勝までの戦いの軌跡

回戦	スコア	対戦校
1回戦	○8－0	東海大三（長野）
2回戦	○6－5	東海大菅生（西東京）
3回戦	○8－2	新野（徳島）
準々決勝	○5－2	鹿児島実（鹿児島）
準決勝	○5－2	福井商（福井）

熊本工　準決勝までの戦いの軌跡

回戦	スコア	対戦校
2回戦	○12－4	山梨学院大付（山梨）
3回戦	○5－1	高松商（香川）
準々決勝	○7－6	波佐見（長崎）
準決勝	○3－2	前橋工（群馬）

1996年8月21日／決勝戦

松山商	300	000	000	03	6
熊本工	010	000	011	00	3

延長11回

松山商		打	得	安	点	1	2	3	4	5	6	7	8	9	10	11
(二)	吉見	3	1	0	0	三ゴ	三ゴ	…	四球	…	三振	…	…	投ギ	…	敬遠
(三)	星加	6	2	2	1	左安	右飛	…	三ゴ	…	一ゴ	…	…	遊ゴ	…	一安
(一)	今井	6	0	2	2	右安	捕邪	…	投ゴ	…	…	右飛	…	一ゴ	…	右2
(右投)	渡部	5	1	2	1	右2	…	四球	…	左安	…	三振	…	…	一直	左飛
(捕)	石丸	4	1	0	0	一ゴ	…	投ギ	…	投ギ	…	二ゴ	…	…	右飛	三振
(左)	向井	4	0	1	0	四球	…	中飛	…	中飛	…	…	右飛	…	右安	…
(中)	久米	4	0	0	1	四球	…	投ゴ	…	投ゴ	…	…	三ゴ	…	三振	…
(投右)	新田	3	0	1	1	四球	…	…	遊ゴ	…	左2	…	中飛	…	…	…
右	矢野	1	1	1	0	…	…	…	…	…	…	…	…	…	…	左2
(遊)	深堀	3	0	1	0	三振	…	…	四球	…	二ゴ	…	…	中2	…	三ギ
	犠 併 残	…	…	…	…											
計	4 2 11	39	6	10	6											

熊本工		打	得	安	点	1	2	3	4	5	6	7	8	9	10	11
(遊)	野田	3	0	0	0	右飛	…	二ゴ	…	右飛	…	…	四球	…	敬遠	…
(二)	坂田	3	0	0	1	三振	…	中飛	…	…	三ゴ	…	中犠	…	敬遠	…
(一)	本多	5	0	0	0	二ゴ	…	…	三振	…	投直	…	一直	…	★右飛	…
(中)	西本	5	0	0	0	…	三振	…	二ゴ	…	左飛	…	…	三振	…	一失
(右)	古閑	2	1	1	0	…	左安	…	四球	…	…	三振	…	…	…	…
打	松村	1	0	0	0	…	…	…	…	…	…	…	…	三振	…	…
右	井	0	0	0	0	…	…	…	…	…	…	…	…	…	…	…
打	木下	1	0	0	0	…	…	…	…	…	…	…	…	…	…	一ゴ
(左)	澤村	5	1	2	1	…	一失	…	遊安	…	…	遊ゴ	…	左本	…	左飛
(捕)	境	5	0	1	1	…	中安	…	左飛	…	…	二ゴ	…	遊ゴ	…	三振
(三)	星子	4	1	3	0	…	二併	…	…	中2	…	…	左安	…	中2	…
(投)	園村	2	0	0	0	…	…	二ゴ	…	一ゴ	…	…	捕ギ	…	三ギ	…
投	村山	0	0	0	0	…	…	…	…	…	…	…	…	…	…	…
	犠 併 残	…	…	…	…											
計	3 0 7	36	3	7	3											

投手	回	打	数	安	三	球	失	責
新田	9 0/3	35	135	7	6	2	3	2
渡部	2	8	28	0	1	2	0	0
園村	10 1/3	48	154	10	4	7	6	6
村山	2/3	2	6	0	1	0	0	0

▽本塁打　澤村（熊）　▽二塁打　渡部、新田、深堀、矢野、今井（松）星子2（熊）
▽審判　田中（球）桂、伊東、浜田（塁）　▽観衆　4万8000人

参考文献

★『B.B.MOOK 松山商業高校野球部 不屈の「夏将軍」Since1902』（ベースボール・マガジン社）
★『B.B.MOOK 熊本工業高校野球部 社会で生きる人材育成 Since1923』（ベースボール・マガジン社）
★『週刊ベースボール 1996年9月7日増刊号 第78回全国高校野球選手権大会総決算号』（ベースボール・マガジン社）
★『週刊朝日 増刊号 '96甲子園 第78回全国高校野球選手権大会』（朝日新聞社）
★『報知高校野球 1996年9月号』（報知新聞社）
★『輝け甲子園の星'96夏の大会号』（日刊スポーツ出版社）

甲子園の歴史的名勝負となった一戦は松山商の夏５度目の全国制覇で幕を閉じた

中里浩章（なかさと・ひろあき）
1982年12月24日生まれ。埼玉県春日部市出身。早稲田大学本庄高等学院、早稲田大学と野球部に所属。卒業後に出版社のアルバイトを経てフリーランスライターとなる。現在、野球専門誌や書籍を中心に取材活動を続けている。著書に『死闘 早慶6連戦の深層』（ベースボール・マガジン社）、『高校野球 埼玉を戦う監督たち』（カンゼン）。共著に「高校野球ノンフィクションシリーズ」（日刊スポーツ出版社）や「タイムリー編集部・高校野球シリーズ」（辰巳出版）など。その他、構成書籍も多数。

再検証《さいけんしょう》　夏《なつ》の甲子園《こうしえん》　激闘《げきとう》の記憶《きおく》
1996年《ねん》 松山《まつやま》商業《しょうぎょう》と熊本《くまもと》工業《こうぎょう》
奇跡《きせき》のバックホーム

2021年11月30日　第1版第1刷発行

著　者　中里浩章《なかさとひろあき》
発行人　池田哲雄
発行所　株式会社ベースボール・マガジン社
〒103-8482
東京都中央区日本橋浜町 2-61-9 TIE 浜町ビル
電話 03-5643-3930（販売部）
03-5643-3885（出版部）
振替口座 00180-6-46620
https://www.bbm-japan.com/
印刷・製本　広研印刷株式会社

ISBN978-4-583-11407-1　C0075